自分事化の組織論

主体的に考え行動するための
ストーリーとロジック

佐々木利廣
福原　康司

編著

学文社

執　筆　者

＊佐々木利廣　京都産業大学名誉教授（序章・第1章・終章）
＊福原　康司　専修大学経営学部准教授（第1章・第7章・第8章）
　草野　千秋　文京学院大学経営学部准教授（第2章・第5章）
　仁平　晶文　千葉経済大学経済学部教授（第3章・第4章）
　東　俊之　長野県立大学グローバルマネジメント学部准教授（第6章・第9章）

（＊は編者，執筆順）

・ はしがき ・

　他人事から自分事へのシフトはどのようにして生じるのだろうか。どうすればそうしたシフトを手助けできるのだろうか。本書を企画したわれわれは，こうした素朴な疑問に対する答えを探るところからスタートした。自分事として考え行動しなければならない対象とはもちろん，われわれが日々の生活で必ず関与せざるを得ない組織である。その組織を専門に研究し，そこから得られた知見を教えなければならない立場のわれわれが，組織を学ぼうとする人に対して，さまざまな組織現象を自分事と捉え，そこに潜む問題・課題の解決に向けて行動できるようガイドするというのは，一見簡単なようで実はかなり厄介なことである。とかく組織を遠い存在であり自分とは関わりのない存在という立ち位置から，身近な存在でわが事として捉えるという立ち位置へと転換してもらうには，それなりの工夫が必要である。とりわけ「組織」という言葉に対してネガティブイメージをもつ人にとっては，組織を自分事として捉えることは容易ではない。

　私の個人的体験をいうと，毎年組織論の初回授業のなかで「組織」そして「社会人」という言葉を聞いて思いつく形容詞をあげてもらうことにしている。かれこれ 30 年以上続けているかもしれない。受講生の中には，「活動的」「柔軟な」「大きい」といった肯定的な形容詞をあげる学生もいるけれども，「辛い」「ややこしい」「面倒な」「冷たい」などの否定的な形容詞をあげる学生のほうが圧倒的に多い。「社会人」に対するイメージも同様である。こうした傾向は一過性のものではなく，長い教員生活の間でほとんど変化がないように感じる。そういう現状を踏まえたうえで，組織に対する嫌悪感や消極的姿勢を取り除きながら，刻々と変わりつつある組織のダイナミズムをリアルに感じ，組織をマネジメントすることの面白さや楽しさを感じてもらうことをこれまで担当する組織論の授業の目的としてきた。そのために短いケース分析，ケースメソッド，ビデオ実習，簡単なシミュレーション，最終回の学生によるミニプレ

ゼン等，試行錯誤を繰り返してもきた。どれほどの成果をもたらしたかは知る由もないが，工夫次第で組織を身近に感じ，自分であればどのように行動するかを考えるきっかけにはなったように感じる。講義科目と同じく，演習科目に位置づけられるゼミにおいても，「ゼミは組織です。ゼミを活き活きさせるのも沈滞させるのもメンバー一人ひとりのゼミという組織に対する関わり方次第です」という言葉を念仏のように唱え，生きた組織論を学ぶ舞台に据えてきた。そして，卒業してからが本当のお付き合いの始まりというメッセージを常に発信してきた。そこには，ゼミという組織を自分事として考えてほしいという想いが背後にあったように思う。

　こうした個人的体験もあり，ワクワクするような組織論を考える第1回研究会をスタートしたのは2018年9月であった。ちょうど4年前である。それ以降オンラインも含めて8回もの研究会での対話や議論を経てようやく出版の運びになった。その間中堅の先生方に交じって組織論をどのように教えるかについて前のめりの議論ができたことは嬉しい誤算であった。この研究会をスタートするとき念頭に置いていたのは，年齢や立場や性別などに関係なくそれぞれが対等な立場で組織を語ることを第一に考えることであった。その結果として，学生観やそれに伴う学生支援のあり方，あるいは組織観そのものも，メンバーによってかなり意見の相違を感じる場面に何度も遭遇した。これが嬉しい誤算の一つである。もう一つの嬉しい誤算が，著書タイトルの変更である。実は第1回研究会の名称は「アクティブ・ラーニングで学ぶ組織論」というタイトルであった。アクティブ・ラーニングの手法を用いながら組織論を学ぶ工夫ができないかというのが研究会発足当初の目論見であった。しかし議論を進めていくうちに，小手先の手法の工夫や改善だけに留まらず，組織論の基本に立ち返って考え直すべきだという方向性がみえてきた。これが第二の嬉しい誤算である。

　本書の内容を簡単に要約すると，序章では学生が組織を自分事として捉え行動するきっかけになる3つの事例を紹介しながら，自ら主体的に組織を学ぶときの3つの視点を強調している。続いて第1章から第5章まではミクロ組織論

の分野，第6章から第9章までがマクロ組織論の分野について，他人事から自分事へと転換するためのロジックと手法をまとめている。すべての章に共通する点として，各章のタイトルは読者に少しでも自分事として興味をもってもらえるよう動詞形にしている。各章の最初に理論を自分事化してもらう前段として，身近なエピソードを題材としたストーリーを設けることにした。そして，ストーリーの主人公になったつもりで読み進められるよう配慮すると同時に，そのストーリーを読むときに意識して欲しいポイントを事前学習の問いやキーワードとしてあげている。ストーリーを読んだ後，そのストーリーの背後に潜む視点や理論的な枠組みをじっくり理解することになる。背後にあるロジックを知ることで，「腑に落ちる」さらには「目から鱗が落ちる」という実感を抱いてもらうことがわれわれの狙いであるが，それが成功しているかどうかは読者の判断を待ちたい。

　前半のミクロ組織論の分野は，第1章では見方によって人と組織の関わり方が変わるという人間観や組織観を論じている。続いて第2章はワークモチベーションと仕事意欲の向上策についてのテーマ，第3章は分業や調整を基本にした組織の仕組みとその仕組みを超えた動きについてのテーマ，第4章はリーダーやフォロワーの行動の自分事化についてのテーマ，第5章はチームマネジメントに関するテーマを扱っている。どれもミクロ組織論の定番のトピックスである。後半のマクロ組織論の領域に入ると，まず第6章はトップダウンによる組織変革と個人の成長を，第7章ではボトムアップによる組織変革と個人の関与について，それぞれ題材にしている。さらに第8章では制度を巧みに利用しながら組織を変えたりイノベーションを起こしたりする手法，第9章は組織の境界を越えて地域とつながりながら地域を活性化する方法について触れられている。終章では，組織に動かされる存在ではなく，むしろ組織を突き動かす存在になり，ワクワクしながら日々の仕事を進めていくためのヒントを提示している。

　以上が本書の簡単な紹介であるが，本書の構成を見て気づかれた読者もいるかもしれない。本書は組織論という学問領域を網羅的に扱うことを企図してい

ない。むしろ，「自分事」や「自分事化」と密接に関わる組織論のテーマのみを適宜ピックアップし，各テーマの内容もこれら2つのキーワードがジャストフィットするものに厳選している。すなわち，守備範囲の広い組織研究におけるさまざまな理論のなかから，「自分事」や「自分事化」というフィルターを通して濾過されたコンテンツのみを扱っており，ややもすればバランスを欠いたテキストという印象をもたれるかもしれない。しかしながら，「何にも効く薬は何にも効かない」というポリシーの下，「自分事」や「自分事化」に特化したユニークなテキストだという自負がある。本書を通じて読者が，自分自身や周囲の人々を「自分事」や「自分事化」に誘える思考力や実行力を身につけてもらえれば望外の喜びである。

　このようなユニークな本書の出版を快く引き受けて頂いた学文社の田中千津子社長には，今回もまた特別のそして格別のご配慮を頂いた。田中社長とは院生時代からの長いご縁が続いているが，縁の深い学文社から本書を出版できたことにも感謝したい。

　2022年6月30日

著者を代表して　佐々木　利廣

目　次

序　章

自ら主体的に組織を学ぶ

1. 他人事から自分事へ

　組織を学ぶ機会は非常に多い。ビジネスマンであれば，日々の業務活動のなかで組織をどう動かせば良いのか，風通しの良い組織をどのように創ればいいのか，やや沈滞気味のよどんだ組織の空気をどのように活き活きとした空気にすれば良いのか，などを考えるであろう。もう少し上位のマネジャーであれば，また少し違った視点から組織を創ったり変えたりすることも考える必要がある。さらに外部の関係している企業や機関や顧客とどのようにコミュニケーションをとるべきかを考えることも多いのではないか。また大学生が多くの授業のなかで組織を学ぶチャンスも多い。たとえば経営学部や商学部では，カリキュラムとして組織という用語のついた科目名がたくさん設置されていることが普通であり，多様な種類の組織体について学ぶことができる。企業組織に限らず，政治組織や行政組織さらには非営利組織などについて学ぶ機会もある。また宗教組織や教育組織，さらに町内会などの地縁組織を学ぶ機会があるかもしれない。

　組織を学ぶ場は企業や大学に限定されない。一人ひとりの人間が社会活動を行ううえで多様な組織に参加していれば，自ずと参加している組織のなかで自分はどのように振る舞うべきかを考えることになる。大学生であれば，クラブやサークルやゼミナールという場で自分はどのような役割を果たせば良いのか，どういう貢献ができるのか，を考える機会も多い。さらにクラブのキャプテン，サークルのリーダー，ゼミ長という立場に立てば，組織をどのように運営すれば良いのか，多くの新入部員に加入してもらい退部者を出さないようにするには何を工夫すれば良いかに頭を悩ませ，さらに皆が楽しくて有意義だと感じてもらうためのさまざまな工夫を考えるかもしれない。

　子どもをもち小中高のPTAに所属していれば，その組織の運営方法について考える機会も出てくる。地域の町内会の役員になれば，町内会組織の運営方法について考える機会も出てくる。家庭という単位を組織と考えれば，居心地の良い明るい家庭をどのように創れば良いのかを思い悩むことがあるかもしれ

ない。

　このように組織を学ぶ機会はどこにでも転がっていて，幾ばくかの意欲とチャンスさえあれば組織について学ぶことができる。どこにいても何をしていても組織を学ぶことができるといえるのではないか。しかし自分事として自ら主体的に組織を学ぶことができているかどうかはやや疑問である。それは，いくつかの要因が複雑に関係していることから派生しているように思われる。

　考えられる第1の要因は，そもそも組織という言葉に対する抵抗感や嫌悪感から派生するものである。それは，組織という大きな魔物のなかで一人ひとりの人間は歯車のごとく無抵抗な存在にならざるをえないというネガティブな発想である。組織という大きな濁流のなかでは一人ひとりの人間は全く無力であり，大きな濁流に流されるしかないという絶望感を感じることが組織嫌いの発想につながるようにも思う。

　第2の要因は，組織という存在から意識的に離れることによって組織を他人事化するという発想である。当分の間自分には関係がないことだし，関わる必要もないと考える発想である。他人事だと思えば気が楽だし無駄にエネルギーを費やす必要もないと考える。他人事として組織を見ながら行動するという立場は，それなりに合理的な立ち位置ではあるが，組織の面白さや難しさを思う存分体感することは難しい。

　第3の要因は，組織を自分事として考え行動するための心構えや知識やノウハウの不足からくる要因である。どのように考えれば，組織をわが事に考えて行動できるのか，あるいはわが事として組織を見て行動するためにどのような知識が必要なのかがわからないままに静観してしまっていることも考えられる。

　本書の各章の執筆意図は，まさにこの第3の要因を幾ばくかでも乗り越えながら組織を自分事として考えることができ，さらに進んで自分事として組織に働きかけるヒントを提供するためにある。組織嫌いの読者も組織を他人事として見放していた読者も，本書のストーリーや背後にあるロジックを学びながら，次の第一歩を踏み出してほしいと考えている。さらに考えたことを実践に

移してみることにもぜひチャレンジしてほしい。組織はわれわれにとって手に届かない遠い存在ではなくて，考えようによっては非常に身近な存在であることを知ってほしい。意識のもち方次第で，組織は遠ざかったり近づいたりするものであるし，得体の知れない無味乾燥の存在から自分なりの料理ができる興味深い存在へと変化する。

2. 自分事化への3つの試み

　ここでは，筆者の学部ゼミという限定された場面ではあるが，学生自らが組織を自分事として捉えながら，自ら主体的に組織をデザインし変革する方法を模索していく過程を追体験するための授業デザインの一端を紹介したい。ここで取り上げた授業デザイン以外にも，一流の映画作品を通じて組織を学ぶという方法が試されても良いと思うし，人気テレビドラマを通じて組織のもつ活き活きとした力を垣間みることも可能である[1]。組織を学ぶ素材は身近にたくさんころがっている。

　ここで紹介する学習プログラムの第1は，ビジネス小説をテキストに学生が主人公の疑似体験をすることで企業組織のなかの行動を考えるというプログラムである。第2は，学生チームが自ら90分の授業を事前にデザインしながら授業運営そして振り返りまでを担当することで組織マネジメントの知識やノウハウを習得していくプログラムである。第3は，協力企業や連携団体とのPBL（Problem Based Learning）教育を通じて，学生が実際の企業やNPOや行政との関係を創り上げていく過程に関するプログラムである。いずれも長期間継続しているプログラムであり，関わった学生の満足度も高く期待どおりの成果をあげていると考えている。

2. 1　ビジネス小説で組織を学ぶ

　毎年ビジネス小説をテキストにして，組織や人的資源管理などの基本知識を習得しながら，企業をはじめとする組織のなかで自分を成長させながら組織や

社会に貢献するための職業観や仕事観を醸成するゼミ授業（2回生前期ゼミ）を約20年間行っている。こうした授業を考えた背景には，ゼミのスタート段階でゼミ生が当事者意識をもちながら企業内の現実の問題や課題に対して主体的に考え自分の解決策を提案できるような風土や雰囲気が醸成されない限り，2回生後期以降のゼミ活動も受動的で他人任せになることが明らかになったことがある。さらに「組織」という言葉に対してかなりネガティブな印象をもっている学生が多く，組織を「使われるハコモノ」から「自分を活かす資源の宝庫」へと視点変換することが必要であると感じたことも大きな要因である。

　ビジネス小説をテキストにした授業運営のプロセスは以下のとおりである。まず週ごとに経営学の基本になる考え方やキーワードを裏テーマとして設定し，ビジネス小説のなかで語られる内容をもとに具体的問いかけ文（表テーマ）を提示する。報告担当グループは裏テーマを理解しながら具体的問いかけ文（表テーマ）に対する回答を見つけ出す作業を行う。解を見つける過程で，グループメンバーは経営学や組織論のテキストや専門科目授業での知識を利用することになる。次週報告担当グループは，裏テーマや具体的問いかけ文をもとに質問をムードルという学内情報インフラにアップする。報告担当グループは，グループワークを通じてプレゼン資料の作成と次週報告グループからの質問への答えを準備し，報告当日は表テーマについてのプレゼンと次週報告グループからの質問への回答を行う。フロアーの学生との質疑応答，ゼミ教員からの問いかけやコメントなどの後，裏テーマについての理解度チェックを行う。

　こうした試みはいくつかの成果を生みだしてきた。第1は2回生後期ゼミへの移行がスムーズに進んだことである。参加者は，ビジネス小説のなかの主人公等の意思決定や行動を疑似体験することで専門テーマについての当事者意識がより深化していくことが多い。また具体的問いかけ文（表テーマ）については多様な解が出されることが多く，ゼミの活性化にもつながる。さらに最も重要な点として，それまで遠い存在であった理論としての組織論が身近な存在になっていく効果も大きい。ここで，組織を自分事として捉えるきっかけになったことをうかがわせる書評の一部を紹介しておきたい。

「春学期の授業においてこの書籍を学ぶうちに，人ごとかのように捉えていたことが実際に身近なところで経験していたことがあったことなど学生においても無関係でなかったことがとてもわかった。この内容において組織開発は経営していくうえでの対人関係と利益関係の相乗効果をもたらすものであったが，ほかにもスポーツチーム，バイトなどにおいてもやはり対人関係と利益関係が相乗効果として現れるということがわかった。このように自分の経験に置き換えて考えることができたのは，小説スタイルによって説明がなされていたからであると感じた。まさに新しい組織開発は，手法を学ぶ前にイメージが生命線であるという意味を深く理解をすることができた」（ある学生のビジネス小説の書評の一部）

「私は，本書で述べられていた『組織は目的を持った生身の人間の集まり』という言葉を読んだ際，私の中での組織のイメージが大きく変わった。学生の間にこのことを知ることができれば，社会にでても深い信頼関係を築くことができると考える」（ある学生のビジネス小説の書評の一部）

　もちろん今後改善すべき課題も多い。これまで変革系，ファシリテーターやコーチング系，戦略系のビジネス小説を多く選択してきたが，不祥事や倫理系，ベンチャリング系，グローバル系なども選択肢として残っている。何を裏テーマやビジネス小説として選ぶかが成否を大きく左右することもあり，毎年のテキスト選びが大きなポイントになると考えている。

2. 2　学生が主体的に授業をデザインして実行するプログラム

　複数のチームがソーシャルビジネスで有名な事例の一つを選択し，その事例に関する著書論文，ビデオ教材などを学習することにより事例の理解を深める。こうした事前の準備作業の後，各週にわたって一つのチームが事例内容の紹介（パワーポイント資料），ビデオ実習，グループワーク，振り返りと結論，を自由にデザインして90分間の授業運営を自ら試みるという学生による学生向

けの授業を3回生前期に行うことを4年ほど続けている。学習ピラミッドの考えからしても，学生自らが学生に教えることが知識の定着度が最も高く，アクティブ・ラーニングの発想にも適合している。グループワークの振り返りの場面ではコミュニケーション力の重要性を認識する学生も多い。さらに意欲のあるチームは，現地インタビュー調査や大学でのイベント報告にも挑戦し，最終的には高い満足度につながっている。

2.3　連携企業や団体とのPBL教育を通じたアクティブ・ラーニング

　地域社会との連携参加体験型授業を通じて，自ら問題を発見し答えを見出し，実践できる力を育成することを目標にしている。こうした目的のために，7年程前からソーシャルビジネス（SB）を推進している事業体や社会性を重視している関西企業（企業やNPOやその複合体）を対象に，事業者代表とスタッフさらには顧客や利用者へのインタビュー調査をしながら，直面する経営課題やその解決方法などについてフィールドワークを進めてきている。訪問可能なソーシャルビジネスを探すことが課題の一つであったが，初期の頃は中間支援組織である大阪NPOセンターのサポートにより，ソーシャルビジネスについて訪問可能団体リストからゼミ生の興味関心をもとに複数の事業体を選択してきた。

　さらに複数大学のゼミ，ソーシャルビジネスの事業者団体，そして中間支援組織である大阪NPOセンターという異種組織間の連携の仕組みを継続させるために，具体的なフィールド調査の内容，最終報告会での課題解決に向けた提案と事業者からのフィードバック，などを映像資料として録画することが有効であるという視点から，外部専門家のサポートを得て映像資料の編集と共有化を行っている。こうした作業は，アクティブ・ラーニングの実践ノウハウの記録や蓄積につながることにもなる。なお学修成果の測定と可視化については，フィールドワーク前と後でフィールド先への意識がどのように変化したかを調査し，最終合同報告会では分析力，独創性，説得力，チーム力の4つから事業者代表と外部審査委員に評価してもらっている。スタートから8年目を迎え，

現在この活動はそばくりラボのかちぞう zemi という呼称で継続している。産学連携かちぞう zemi は，一般社団法人そばくりラボ主催のかちぞう企画の一つであり，産学が連携し新しい社会的価値創造にチャレンジする実践的 PBL 活動として定着し，参加する大学や協力企業の数も増加してきている。

3. 複眼的視点，ダイナミックな視点，社会的視点

　これまで他人事として組織を捉えていた段階から一歩進んで，組織を自分事と考えることができることは大きな第一歩である。これまでは遠い存在であった組織が，手に取って触ってみる存在になったこと，さらには積極的に関わるまでになっていくことが理想であろう。

　しかし組織への当事者意識が生まれる段階を越えて，組織に対するより深い学びへのモチベーションをもつ段階に進むことも重要なステップである。こうした組織の深い学びのためには，一人ひとりがもつ組織についての考え方をお互いに理解しあうことができる力を身につける必要がある。他人の組織観を十分に理解しながら共感しあうためには，多様な組織の見方について学びながら，それぞれの特徴や差異について理解することが必要である。こうした複眼的な視点をもつことの重要性を特に強調しておきたい。「群盲象を撫でる」のことわざどおり，それぞれの人が組織のある一部分に注目することになるが，それで組織の全体像を把握したことにはならない。さらに目に見える組織の側面と目に見えずに深く沈んでいる組織の側面があることも事実である。「組織氷山論」の例えのように，海の上に出ている氷山の部分は意外と小さくて，むしろ海に沈んでいる部分の方がずっと大きいかもしれない。組織を自分事化して組織に対するより深い学びにつなげるためには，こうした組織に対する多面的視点そして複眼的な視点が必要である。

　組織についての深い学びのために必要な第 2 の視点は，組織をダイナミックに変わる存在としてみることである。比喩的にいえば，ある一時点での組織の有り様をスナップショットとして撮影するだけではなくて，時間の経過ととも

に組織の有り様が刻々と変化しつつある姿をビデオで撮影することで理解するという姿勢である。「組織はできあがった途端に腐敗が始まる」といわれたり，「組織は放っておくとますます傲慢になる」といわれたりする。いずれの言葉も組織のダイナミックな側面を言い表した言葉であるが，こういう現象は一時点だけの組織の姿を映し出すだけではわからない。長い目で組織を観察し関わり続けることが深い学びに通じることになる。

　第3に強調しておきたいことは，自ら所属している組織にとって利益があることが第一であるという考えから，その組織が活動している周りの社会が良くなることが第一であるという考えへのシフトである。大きな社会のなかで組織が活動しているという視点，そしてそうした社会との共生なしに組織の持続可能な成長発展は不可能であるという視点も非常に重要である。社会のなかの組織というものの見方を発展させることが，組織に対する深い学びに通じることになる。

　組織の多様性を第一に考えた複眼的視点，時間の経過とともに移り変わる組織の姿を見続けるというダイナミックな視点，そして社会のなかの組織の存続という社会的視点，の3つは組織に対するより深い学びを実践するときに必要な要素である。このような視点の重要性を念頭に置き，次章以降の内容を素材にしながら，自分事として組織を考え実行することの面白さを実感してもらいたい。

注

1) 視聴覚資料を活用した授業デザインを行ったケースとして以下をあげておく。佐々木利廣（2015）「ICT活用による組織の社会的責任の重要性の認識―初年次科目『企業と社会』での取り組み」『大学教育と情報』4（通巻153号），pp.28-31

第 **1** 章

見方によって人と組織の
関わり方が変わる

- 他人から褒められたり認められたりしたことで，自分の意識や行動が変化した経験がありますか。またクラスやサークルやクラブなど自分が所属する組織に対する関わり方が大きく変わったという経験がありますか。
- あなたが今現在所属している組織を一つ考えて，その組織が掲げている目的は何なのかいえますか。
- 上の問いに答えられなかった場合は，その理由はなぜでしょうか。

🔑 キーワード

ピグマリオン効果，ゴーレム効果，ローゼンサールの実験，
組織の共通目的，組織化，意味付与

1. ストーリー I 「自己肯定感を高める肯定的評価」を読む

　A さんと B さんは，大学に入学して初めての少人数教育の科目に参加した。大学 1 年生の前期に配置されている基礎セミナーという科目である。およそ 20 人程度が参加し，毎週月曜日の 1 限目が授業日であった。4 月最初の授業の日は，授業開始のチャイムが鳴るまで 20 人の学生は少しずつ間隔を空けて座っていて，特に誰かに話しかける様子もなかった。顔見知りという人もいなく，今日が初めて顔を合わせるという雰囲気であった。

　チャイムが鳴りしばらくすると基礎セミナー担当の先生が演習室に入ってきた。基礎セミナーの担当を何年間も経験しているようであり，出席確認の後すぐに授業が始まった。最初に担当の先生の「これからヒーローインタビューをしたいと思います」という声かけがあった。A さんも B さんも，先生のこの声かけを聞いて内心びくっとした。そして，次のような感情が脳裏を駆け巡った。

　「自分はヒーローでも何でもないし，むしろいつも影の薄い存在なのに……」
　「特に自慢できるようなこともないし……」
　「他人にインタビューされるのは正直いやな気分……」
　「ほかの人のことを根掘り葉掘り聞くのもどちらかというと苦手……」
　しかし A さんや B さんが内心抱く心配もそっちのけで，先生はヒーローインタビューの手順を次のとおり黒板に書き始めた。
　1）まずは 2 人組のペアになってもらいます。
　2）そして 1 人が MVP のヒーロー役，もう 1 人がインタビュアーになります。
　3）役が決まったら，2 人でペアになり，あたかも MVP のヒーローインタビューのように，どんどん盛り上げながら聞き出していきます。

　板書を終えた先生は，皆の不安そうな顔を感じたのか，すこしかみ砕いた例

を話してくれた。たとえばこんなふうに進めてもらえば良いですよ。

イ「振り返ってみて，これまで気持ちの良かった経験を思い出してください」

ロ「高校の時に国語の授業で提出した読書感想文を，担当の先生が次の週に皆の前で読んでくれて，最後に非常に良く書けていた感想文なのでぜひ皆にも披露したいと思ったと褒めてくれたことぐらいかな……」

イ「高校何年生のとき？」

ロ「高校１年生のとき」「その時以来国語の先生が好きになり，国語も少しだけ好きになったという思い出があるけど」

イ「誰の本の読書感想文？」

ロ「本ではなくて，教科書に出ていた短編小説。確か井伏鱒二の山椒魚という小説だった気がする」

イ「どこが先生に評価されたと思う？」

ロ「今となっては良く覚えていないけど，何かほかの人と違った角度から山椒魚のその後を書いた気がする」

　先生の例えの話は，先生自身が高校時代に褒めてもらった経験を思い出しながら話していることも薄々感じることができた。基礎セミナーで初めて会う先生だが，何となく親密感がわき少しだけ近づいた気がした。ヒーローインタビューについても少しだけ抵抗感がなくなりつつあることを感じた。

　近くに座っていたAさんとBさんは，幸運にもペアを組むことになり，早速Aさんが聞き手でBさんが話し手の役割をそれぞれ演じることになった。

A「自分が一番活躍した時のことを教えてください」

B「一番ですか？　何だろう？　強いてあげれば小学校の時に算数オリンピックで金メダルを取ったことかな」

B「いや，もっと最近になって，高校の時に部活の陸上で県大会に出場して

　　結構良い記録をあげたことの方が自分としては一番かもしれない」

　A「すごい！　すごい！　勉強の面でもスポーツの面でも頑張ってきたん
　　だ。尊敬するよ」

　B「そんなことないよ。ただ金メダルを取ったときも県大会に出場したとき
　　も，先生や仲間や両親からものすごく褒めてもらえたことが嬉しかったこ
　　とは覚えている」

　A「へー，どういうふうに褒めてもらえたの？」

　ゼミ教室のあちこちで，ヒーローインタビューがどんどん盛り上がっていく
のを見ながら，担当の先生はすこしだけヒントのようなことを話してくれた。

　「聞き手役の人はできるだけ相手のことを聞き出せるような質問を投げかけ
るように心がけてくださいね」

　「ありったけのオーバーリアクションで，その場の雰囲気を盛り上げてくだ
さいね」

　「そして一とおり話を引き出せたら，役を交代して同じように『自分が一番
活躍した時のこと』を話してもらいます」

　90分の基礎セミナーが終わる頃には，あちこちで笑いが起こったり場が和
んでいる様子であった。クラスの雰囲気も，授業が始まった頃とは違って居心
地の良い空間に変わっていることも感じた。こういう皆が馴染めるような空気
があると，来週からの基礎セミナーの授業も楽しみながら参加できると感じて
いた。

　授業の最後に先生から，このヒーローインタビューという手法はアイスブレ
イクの一つであり場の雰囲気を盛り上げるのに使われる手法であること，そし
て会議での活発な意見交換やアイデア出しにもつながることを話してくれた。
AさんもBさんも先生の話を聞きながら，アイスブレイクという単語がどの
ようなことを意味しているか十分に理解できなかったが，自分のことを相手に

伝えることがすこしだけ楽しくなっている自分に気づいていた。また自分には些細なことに感じていても相手が褒めてくれたり認めてくれると，評価された気分になり次も頑張ろうという気になることにも気がついた。

　そしてまだ大学に入学したばかりの新入生だが，大学4年の間に自分でも頑張ったと自信をもっていえる何かを見つけたいと思った。基礎セミナーのクラスでも，自分なりに貢献できることがあれば，みんなと協力しながらクラスを盛り上げていきたいと思うようになっていた。1年生前期の基礎セミナーが終わるまでに，全員が顔と名前を覚えコミュニケーションをとることができるクラスにしたいと思った。そして大学4年間，このクラスを通じて自分のことを素直に伝えることのできる友達をたくさんつくりたいと思った。教室を出るときに偶然目を合わせた先生に対しても，さりげなく自分の経験談を披露してくれたことで先生を身近に感じることができた。

ストーリーⅠに潜む教訓を考える

- ストーリーを読んでAさんとBさんはヒーローインタビューの前と後で自分自身に対する見方がどのように変わったでしょうか。
- ストーリーを読んでAさんとBさんが抱く先生やクラスに対する思いが少しずつ変化した理由はなぜでしょうか。

2.　背後にあるロジックを知る

2.1　2つの実験とピグマリオン効果

　大学入学後初めて基礎セミナーに出席したAさんとBさんが，担当の先生やクラス，そしてクラスのメンバーをみる目が変わってきたことをストーリーで紹介した。これは基礎セミナーの最初の授業のなかでの変化であり，小さな意識の変化かもしれない。それでもこうした些細ともいえる意識の変化によって彼らが基礎セミナーに対して抱く期待が高くなり，自分のことを正直に相手に伝え相手から褒めてもらうことによって意識が変わってきたことも感じ取ることができるだろう。相手に対する期待がその人の意識や行動を変えることに

つながり，所属している組織に対する見方も変わることを実験で明らかにしたのがローゼンサールの実験である。1960 年代後半の実験以降，人間の見方や組織の見方に関するピグマリオン効果という視点が注目されるようになった。

2. 1. 1　ローゼンサールの実験①

まず人間をどうみるかという人間観や組織をどうみるかの組織観によって，人間のマネジメントや組織のマネジメントが変わってくることを自己達成的予言（ピグマリオン効果）や期待という視点から考えてみる（金井, 1993）。まず，こうした自己達成的予言（ピグマリオン効果）や期待の重要性を明らかにした研究としてローゼンサール＆ヤコブソン（Rosenthal & Jacobson, 1966）が 1960 年代後半に行った実験を紹介しよう。

彼らの実験は，教師がある期待をもって子どもに接すると，教師はそれが実現するようなやり方で子どもに関わり，その期待どおりの結果を子どもに生じさせるという仮説（予言の自己成就）を検証しようという目的であった。実験方法は以下のように進められた。

① 各クラス 20％の生徒を知能検査とは無関係にランダムに抽出。

② 年度初めに抽出リストを各学級担任に提示。

③ 各担任には「知能検査からリストの子どもは，この学年のうちに過去の成績よりも高い学力になる可能性がある」という偽りの情報提示。

④ 実験者は教師と関係をもたず，学年終了時に再度同じ知能テストを実施。

実験の結果は次のようになった，すなわち，① 実験群の児童たちの知能指数（IQ）の増加程度は統制群より大きく，特に 1，2 学年でその傾向が顕著であり，② 教師から期待をもたれた児童は，実際にその期待どおり知能指数が伸びており，③ 知的好奇心や好意度についても実験群は統制群よりもその程度が高いことがわかったのである。これらの実験結果の詳細は，図 1-1 に示されている。

こうした実験の結論から彼らは，児童に対する教師の期待は自己成就し，期

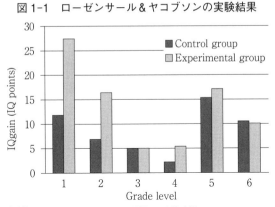

図1-1　ローゼンサール＆ヤコブソンの実験結果

出所）Rosenthal & Jacobson (1966) pp.115-118

待に沿った方向で児童に実現することを発見して，この教師期待効果をピグマリオン効果と命名している。なおピグマリオンという用語は，ギリシャ神話に登場する彫刻の得意な王の名前を表している。王であるピグマリオンは自作の象牙の乙女像に恋することになり，その姿を見た女神アフロディーテがピグマリオンの願いに応えて，この像に命を与え「ガラテア」という生きた女性にしたというギリシャ神話から生まれた言葉である。

2. 1. 2　ローゼンサールの実験②

　もう一つのローゼンサールの実験は，教師の積極的で肯定的な期待にしたがい，生徒は自ら向上し，より良い結果をもたらすという仮説を検証しようとした実験である。具体的な手順は，以下のとおりである。

① 年齢も学力も同じレベルの30人のクラスA組とB組をつくり，同じ先生が数学，理科，社会，語学などを教える。

② 試験が終わったあと，A組はきちんと採点し，一人ひとり間違ったところを指摘し，注意を与え叱る（全員を批判し批評する）。

③ B組は，答案を返さず結果も発表せず「このクラスは全員良くできている。すばらしいクラスだ」「○○君，君は前回よりはるかにいい。この次

図1-2　ローゼンサールの2つの実験とピグマリオン効果

出所）筆者作成

もがんばれ」というようにわずかな進歩でも褒め，激励し期待をかける。

　1年後，A組の成績はみるみる低下し欠席や遅刻が増加したのに対して，B組の方は全員の成績がめざましい向上を示し，遅刻や欠席もないという結果であった。

　このローゼンサールの2つの実験を通じてわかることは，「誰かに期待をもつこと」と「その期待を表出すること」の違いであり，さらに「期待を表出すること」と「具体的実践をする」ことの違いである。誰かに期待をもち（内在化された期待），そうした期待を表に出し（期待の表出化），さらにそれを具体的な実践にまでつなげていく（具体的実践）ことで結果につながっていく過程をピグマリオン効果と呼んでいる（Rosenthal & Jacobson, 1992）。

2. 1. 3　ピグマリオンマネジメント

　こうしたピグマリオン効果がビジネスの場で機能しているかどうかを考えたのがリビングストン（Livingston, 1969）のピグマリオンマネジメントの議論である。彼は，アメリカのある生命保険会社における調査をもとに以下のような結論を提示している。

① 上司から高い期待をかけられた部下たちは生産性が著しく向上し，反対に上司から期待をかけられなかった部下たちの生産性は悪化した。

② 部下は，上司から「実現不可能な目標」に向かって頑張れと激励されると，モチベーションが下がり，最後は努力するのを放棄する。

③ 反対に「確実に達成できる目標」を設定されると，モチベーションを下
げてしまう。

そして頑張れば実現可能だと思う期待が生産性や業績向上のインセンティブ
になることを主張した。さらに彼はピグマリオン効果のマネジメントへの適用
として以下のような提言を行っている。

① マネジャーが部下に何を期待し，どう扱うかによって，部下の業績と将
来の昇進はほとんど決まってしまう。
② 優れたマネジャーは，「業績をあげ，目標を達成できる」という期待感を
部下に抱かせる能力をもつ。
③ 無能なマネジャーは，部下に②のような期待感を与えることができず部
下の生産性も上昇しない。
④ 部下は自分に期待されていることしかやろうとしない傾向が強い。

以上ローゼンサールの2つの実験と生命保険会社での調査をもとに，ピグマ

図1-3　部下へのピグマリオン効果

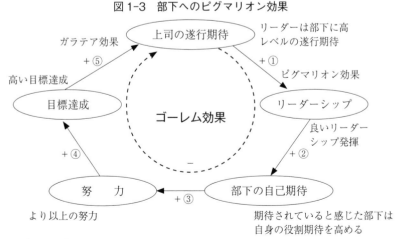

出所）筆者作成

リオン効果の有効性について議論してきた。教育業界（小学校）と生保業界と対象は異なるが，どちらの業界においても他人をどうみるかによってその人の意識や行動が変わってくるというピグマリオン効果が機能していることが明らかになった。こうしたピグマリオン効果のサイクルを図で表すと図1-3のようになる。

　上司が部下に対して「あいつはできる」とか「チャンスがあれば頑張る人間だ」というように高い遂行期待をもつと，その上司は部下に対して頑張れる環境を整備しながら日々細かなサポートをするようになる。そして期待されていると感じた部下は，自身の役割期待を高めることにつながる。そしてこれまで以上の努力をすることで，期待どおりの目標を達成することになる。上司は，「やはり自分の目に狂いはなかった」とか「目をかけただけのことはある」と認識することで，さらに高いレベルの遂行期待を部下に抱くことになる。こうした正のサイクルがピグマリオン効果でありガラテア効果である。逆に上司からの低い遂行期待が部下の自己期待を低下させ，目標達成につながらないという負のゴーレム効果も存在する。

　こうした正のピグマリオン効果を職場で発揮するためには，第1に上司が高い期待を抱く部下に向けて創り出す温かい積極的雰囲気，第2に上司がその部下により多くのことをインプットする傾向，第3に上司がその部下に応答する機会をより多く与えるアウトプット，そして第4に上司がその部下により多くの個別化されたフィードバックを与える傾向，の4つがポイントになる。この職場の雰囲気，部下へのインプット，部下によるアウトプット，フィードバックという4つの媒介変数により部下のやる気や仕事の達成度が左右されるといわれている（CRM Learning, 2001）。

3．ストーリーⅡ「組織のために創造し創発される目的」を読む

　入学式を終えてからキャンパスに足を運んでみると，「ちょっと，ちょっと，そこのあなた。うちのサークルは，あなたのような人を待ってたんだ。まずは

だまされたと思って，話聞いてってよ」，そんなサークル勧誘の言葉がまるで客引きのように飛び交っていて活気に満ちあふれていた。もちろん，大学生になったらサークル活動で充実したキャンパスライフを送るものだと高校時代の先輩たちからすり込まれていたので，興味がなかったわけじゃない。でも，いろいろなサークルの説明を聞いても，なんとなくしっくりくる感じがしない。とにかく，チャラいのだ。「おまえさぁ，高校までの部活と違うんだし，大学生になってまでそんなガチで練習して，いったい何目指してんのよ？」，心のなかでそんな自問自答を繰り返すも，一度ざわついた気持ちは抑えきれない。「無理して退屈なサークルに入るくらいなら，いっそ自分好みのサークルを一から作っちゃえばいいじゃないの？」，そんな小言ともとれる独り言を周囲に聞こえるようにぶつくさといっていると，自分と同じ違和感をもっていたクラスの仲間の何人かが，自分の考えに便乗してきた。

　同じ志を共有する友達の輪は瞬く間に広がり，20人ほどが創生期のメンバーとしてサークルを発足する運びとなった。設立理念は「ガチで練習し，ガチで楽しむ」。練習はしっかりと行い，ある一定の成果を目指しつつ，しかし成果ばかりに拘ると高校までの部活みたいに楽しさが失われてしまうから，楽しむ姿勢は貫き，競技以外のお酒やレクなどの遊びもガチで楽しむことを含意させた理念だった。サークルの方向性がぶれないために，新年度の勧誘活動では必ずこの理念をしっかりと説明し，共感できる新入生だけをサークルに迎え入れる体制を敷いた。幸いにして，サークル理念は共感が共感を呼び，創設メンバーが3年生になる頃には，総勢100名にもなる大所帯になっていた。嬉しい気持ちが湧き起こる一方で，サークル理念がちゃんとメンバー全員に浸透しているかの不安も脳裏をよぎっていた。

　最高学年の4年次になり，サークルが組織として完成年度を迎えようとしていた矢先，そんな不安が現実のものとなってしまった。新歓を兼ねた合宿を5月のゴールデンウィークに行った際，事件は起きたのである。合宿初日の練習メニューを日中こなし，夜は新入生の歓迎コンパを行っていた。酔いがだいぶ回ってきた深夜，新入生がお酒に力を借りて愚痴めいた話をサークル代表の自

分に吐露したのである。「先輩，こんなガチで練習させられるの，もはやサークルの域を超えちゃってますよ。もうちょっと楽しくやりませんか？」。正直この言葉を聞いて衝撃だった。翌日２年次以降の各学年の代表を集めてミーティングを行うことにした。すると，２年生の学年リーダーが次のように語り出したのである。「多くの新入生に加入してもらいたくて，サークル理念の説明が不十分だったことは否めません。ただ，僕自身正直そんなにガチで練習するよりも，もう少しみんなが楽しくやれれば良いな，って思ってました。ガチで練習し，の部分は確かにあまり前面に出して説明しませんでしたけど，ガチで楽しむ，の部分はしっかりと説明しましたから，必ずしもサークル理念からかけ離れて入ってもらったわけじゃなかったと思うんですけど……」。確かに正論だった。でも何かが違う。そんな違和感を覚えながらも，組織が成長して大きくなるにつれて，いろいろな目的をもったメンバーが集いサークルに入り込んでしまうのは，無理からぬことである。設立理念に拘り続けるのは，目的の押しつけにもなってしまうし，それこそ２年の学年代表が語ったように，もう一つのサークル理念「ガチで楽しむ」と自己矛盾してしまう。そんなことを自分に言い聞かせながら，夏合宿での４年生の追いコンの後に代表の座を後輩に譲った。卒業式の日にサークルの後輩たちが行ってくれた卒業パーティでは，その後の活動報告があった。競技練習のほかに，トレッキングやフィッシングなどのアウトドア部が立ち上がり，楽しいサークル活動を満喫している後輩たちの様子が見て取れた。「これで良かったんだ」，そんなことを独りつぶやいて楽しい想い出のつまったキャンパスを後にした。

ストーリーⅡに潜む教訓を考える

- ストーリーにあったように，組織の創生期は，その設立趣旨や目的を共有できる仲間だけで組織が運営されるため，それらを共有することは比較的容易だが，時間が経ち組織が大きくなるにつれて，共有のためにどのような工夫が必要でしょうか。
- ストーリーにあったように，設立当初とは別の目的がメンバーたちによって新たに作り出され，それをまた共有していくためには，どのようなことに配慮しな

ければならないでしょうか。
- 上の2つの問いを通じて，メンバーたちに自分たちが所属している組織を自分事として受け入れてもらうためには，どのような方法が考えられるでしょうか。

4. 背後にあるロジックを知る

4. 1　2つの対極にある組織観と自分事化

　前節では，人間観の違いによって，人々がもつ潜在力を引き出せたり，反対に抑圧してしまったりすることが理解できたことだろう。こうした人間のもつ長所にスポットライトを当てて，それを伸ばすことでメンタルヘルスを改善しようとする心理療法は，ポジティブサイコロジーと呼ばれ，この考え方に依拠して組織の潜在力や長所を表出化させて組織を変革する手法は，本書第7章で触れられているので，詳細はそちらをご覧頂きたい。とりわけ，国際比較において，若い世代の自尊心や自己肯定感が他国に比べ著しく低いとされている日本にあって，俗に「自分を愛せない人は他人も愛せない」理屈と同様に，本書の主題である「自分事」として人や組織を受け入れ行動する基本前提として，自己効力感に訴求するマネジメントは必要条件となる。

　このように人間観の相違によって，人へのアプローチが様変わりしてしまうのと同様に，組織観の相違によっても組織を構成するメンバーが組織に対してコミットメント（帰属）する態度，すなわち組織の自分事化が大きく異なるものである。また，ストーリーⅡにもあったように，組織が生まれたばかりの創生期と，時間が経って規模が大きくなる成長期とでは，組織を自分事化する方法が異なってくるだろう。本節では，近代組織論の父と称されるバーナード（Barnard, 1938）と，彼の組織観とは対極にあるとされているワイク（Weick, 1979）の組織観とを取り上げ，それぞれの組織観において，組織メンバーが組織をいかに自分事として受容するかのメカニズムについて考えてみることにしよう。

4. 1. 1　目的の事前共有と自分事化

　職業人生の多くを AT&T （American Telephone & Telegraph Company：アメリカ

電話電信会社）グループでの職務に捧げ，41歳のときではニュージャージーベル電話会社の社長に就任した後21年もの間経営手腕を振るったバーナードは，必ずしも学問の世界に身を置く生粋の学者ではなく，むしろ経験豊かな実務家だった。その彼が，近代組織論の父と称され，経営学とりわけ経営組織論に大きな影響を与えた理由は，当時ハーバード大学の研究者たちとの密接な交流があり，彼らが同大学での講演をバーナードに依頼し，そのことがきっかけで主著『経営者の役割（The Functions of the Executive)』が同大出版局から世に送り出されたのとともに，本書が彼らによって紹介されることで注目を浴びるようになっていたとされている（加藤，1996）。

　バーナードは，「公式組織の定義」と題した第6章冒頭で，協働体系とは，「少なくとも1つの明確な目的のために二人以上の人々が協働することによって，特殊の体系的関係にある物的，生物的，個人的，社会的構成要素の複合体」(Barnard, 1938, p.67) としており，このなかの「二人以上の人々の協働」の部分が組織とされている。つまり，協働体系を構成するサブシステムの一つに組織が位置づけられる。そして，彼は組織を「意識的に調整された人間の活動や諸力の体系」(Barnard, 1938, p.76) と定義している。これらの主張を統合すると，バーナードによれば，組織は，ある目的のために2人以上の人々が集い，その目的を達成するために2人以上の人々が相互に意識しながら協働する諸活動を意味している。この組織観には，なぜ組織が創造されるかの根源的な理由が端的に示されているといえる。すなわち，一人では成し遂げられない目的を成し遂げるために，複数の人が集うことにこそ，組織の存在意義があるというのである。しかも，組織メンバーがちぐはぐな活動をしていては，効率的に目的を実現できないため，メンバー間の役割分担や足並みを揃える必要がある。このような組織活動の必然性は，「意識的に調整された」という表現で示されている。

　こうした組織の定義を踏まえ，第7章「公式組織の理論」では，組織が成立する条件として，①コミュニケーション，②貢献意欲，そして③共通目的からなる3つの要素を主張する (Barnard, 1938, p.85)。共通目的とは，上述した組

織を結成する根本的な理由に該当し，その目的を達成するためのメンバー各々の役割意識が貢献欲であり，コミュニケーションとは共通目的と貢献欲に齟齬が生じないためにメンバー間で意思疎通をはかることで，先述の「意識的に調整された」というフレーズはまさにこの要素を表象したレトリックである。さらにバーナードは，組織が組織であり続けるための条件，つまり組織存続の要件として，組織の掲げる共通目的をどれだけ達成しているかの指標たる「有効性」と，組織の目的を実現しつつも，メンバー個々人の目的がどれくらい達成できているかをはかる指標の「能率」という概念を持ち出す（Barnard, 1938, pp.95-99）。

　さて，このようなバーナードの組織概念を，組織に対するコミットメント，すなわち組織を自分事化して受容する視座から再点検してみると，2つの重要なポイントが浮上してくる。第1のポイントは，組織を作り上げる根本理由であり，組織成立の要素でもあった共通目的である。たとえば，ストーリーⅡのように大学に入学したり企業に入社したりしたばかりの頃，既存のサークルにはない新しいサークルを立ち上げた経験はないだろうか。この時，サークル設立の志や理念あるいは目的に賛同して集った仲間たちは，これら共通目的を自分事として受容できたからこそ創設メンバーになったはずである。創生期のベンチャー企業の経営者のビジョンに集う面々は，同様に組織結成の目的を色濃く共有できたからこそ，あらゆる経営資源の脆弱な組織にメンバーとして加わる覚悟がもてる。まさに，組織の創生期に関与できることは，組織を自分事化するうえで非常に重要な要因だといえる。

　第2のポイントは，組織存続の2番目の要件にあった「能率」なる概念に見て取ることができる。組織の目的を達成したその先に，個人の目的が達成できたならば，メンバーの組織に対するコミットメントは高まるだろう。たとえば，仮にある企業が一定水準の収益の向上を組織目的として掲げており，そこで働く一人の従業員の個人目的が出産により家族の増えたことに伴う収入アップだったとしよう。この時，当該企業が売上高や営業利益の目標値に到達し，それに連動して当該従業員の賞与額が高められたなら，組織目的の達成を通じ

て個人目的が充足されたことになる。実際，給与と違って賞与は，組織メンバーによる一定期間の組織貢献度に対するインセンティブとして機能しており，まさに「能率」という組織存続の基準によってメンバーに組織を自分事化させる仕組みだといえる。

　一方，給与や賞与のような外発的報酬を高めさえすれば，組織に対する愛着が必ずしも高まるとは限らない。職場でのやりがいや自由裁量権を与え，達成欲求や自己実現欲求といった内発的報酬を付与することは，組織を自分事化するうえで極めて重要性を帯びるだろう（報酬や動機づけの詳細については第2章を参照して欲しい）。さらに，職場内に留まることなく，職場外でそれらの欲求を満たす機会が与えられることは，近年の越境学習に関する先行研究（たとえば石山，2011；申，2002）によると，所属組織に対するコミットメントを高める可能性が示唆されている。所属企業をいったん離れて社外のグループやコミュニティとの交流の場をもつことが，所属企業を客観視でき改めてその良さを顧みる機会を与えてくれるのかもしれない（組織を越えて外部とつながる意味や意義については第9章を参照して欲しい）。こうした組織を自分事化させるための内省機会の提供は，昨今日本企業で叫ばれている働き方改革という文脈から生成されているワーク・ライフ・バランス，ダブルワークあるいはデュアルワークなどのキーワードと整合的である。

4. 1. 2　目的の事後共有と自分事化

　ところで，バーナードの組織観は，組織が創造される根本的な理由としての共通目的が組織に先行して存在し，その共通目的を共有することこそが組織を自分事化させる原動力になることは既述したとおりである。しかしながら，ストーリーⅡの結末にもあったように，組織の創生期ならまだしも，組織の成長期や成熟期に新たに加入してきたメンバーは，必ずしも共通目的を共有して日々の組織活動を営んでいるとは限らない。企業において共通目的を具現化したものとしては，たとえば社是・社訓や経営理念，経営戦略などが該当するが，これらの共通目的をアルバイトやパートタイムのスタッフ，非正規雇用の従業員が共有しているとは考えがたい。正社員とて入社直後の研修で聞くこと

図1-4　集団発展の4段階モデル

出所）Weick（1979）p.118 を筆者が若干修正

はあってもすぐに忘れさられ，在職期間の短い従業員のなかで絶えず共通目的が内面化された状態で日常業務に従事しているメンバーは希有な存在だといっても過言ではない。組織の共通目的を共有していないメンバーが，次第に既存の共通目的を意味あるものとして受容したり，また別の新しい共通目的がメンバー間で創発することだってあるだろう。むしろ実際の組織に目を向けてみると，組織の共通目的なんて理解していないまま組織に入り込み，協働行為に勤しみながら次第に所属組織の意味や意義が知覚され，そうした過程のなかで組織の一員としてのアイデンティティが形成され組織が自分事化することの方が現実的であるとさえいえる。

　このように，組織に先行してその目的が存在するのではなく，組織のなかでメンバーが試行錯誤を繰り返しながら事後的に組織の目的や意味が創造されることを主張する研究者の一人として，ワイク（Weick, 1979）をあげることができる。彼の組織観は非常にユニークで，存在意義や存在目的が所与とされた組織（organization）ではなく，意義や目的が構築される過程に着目しており，したがって，組織化（organizing）が重要なキーワードとして位置づけられている。ワイクによれば，組織化とは「意識的な相互連結行動によって多義性（equivocality）を縮減するのに妥当だと皆が思う文法」（Weick, 1979, p.4）と定義される。ここで多義性とは，さまざまな解釈が成り立つ曖昧な情報を意味する。また，組織化が文法というメタファーで表現されている理由は，①行為者に理解可能な形で社会的過程を形成するための相互連結行動に関する組立ルールや，②組織化された人々の経験に関する意味ある構造（因果マップ）を作り上げるためのルールが必要とされるからだと述べている（Weick, 1979, p.5）。

　また，先述した共通目的の先行性について，ワイク自身も図1-4に示されて

いるような集団発展の４段階モデルとして言及している。集団構造（collective structure）が結成される初期段階において，構成メンバーが純粋に共通の目的を共有している理想的な状態はあり得ず，むしろメンバー各々が個別に目的を保持しながらもその実現のために相互依存した結果，手段を共有したと解釈することの方が現実的であると説く。そして，集団構造を維持したり保存しようとする思惑が働き，規範や規則の明確化を加速させながら共通の目的が第３段階としておぼろげに生起する。このような共通目的に共通手段が先行する意義について，ワイクは，集団構造が行為を規定するのではなく行為が構造を創造する側面を扱える点，また，共通目的を集団構造の維持に関連する事情に限定することによって集団行動を詳細に観察し意味づけを可能とさせる点を論じている。最後の第４段階への移行，すなわち共通の目的から多様な手段が生み出される原因として，共通目的に収斂されるような集団構造の成熟段階では分業が促進され，他者との差別化によってメンバーが評価されるようになる。と同時に，秩序的な運営にスポットライトが当てられるのに比例して陰影が明確になり無秩序による曖昧性に起因して多様性が助長されること，さらに共通目的が内面化される過程にあって譲歩や妥協が強いられる過程で，むしろほかのメンバーとの差別化を誇示することなどが指摘されている（Weick, 1979, pp.118-122）。

　さて，このようにバーナードとは対極をなす組織概念を提起するワイクだが，主著『組織化の社会心理学』の中のいくつかの箇所でバーナード（Barnard, 1938）を引用する際，その研究貢献や示唆について言及することはあっても，批判的に考察する箇所が皆無であることは興味深い。そして，ワイクの組織化のモデルの核心にいよいよ迫っていくことにしよう。彼は，図1-5に示されているように，進化論をベースとした組織化のモデルを提示している。

　生態学的変化（ecological change）とは，組織にとっての環境変化であり，当該組織に新しい意味を付与し得るような変化を指す。イナクトメント（enactment）は，進化論における変異を指しており，この生態学的変化に呼応して新しい環境を創造することである。認識レベルでの新しい意味付与（sense

図1-5　ワイクの組織化モデル

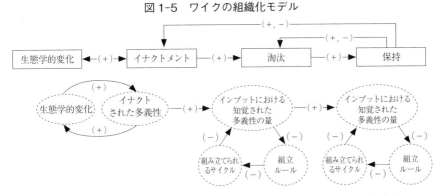

※（＋）＝過去の経験に対する信頼　（－）＝過去の経験に対する疑い

出所）Weick（1979）pp.172-173 に掲載の2つの図を筆者が統合

making）を通じて環境を創造する概念であるため，イナクトメントはあえて訳語を与えるとすれば「想造」になる（Weick, 1979, vi）。また，淘汰（selection）はイナクトメントを通じて組織に投げ込まれた多義性をスクリーニングする段階で，保持（retention）とは，これらの過程を通じて組織にとって有意味あるいは有意義な環境が定着することを指している。さらに，組立ルールとは，多義的情報を処理するための解釈枠組みのことで，組織に投げ込まれる情報の多義性が高い場合，その多義性を処理するための既存の組立ルールの数は少ないため，多義性に対応可能な新たな組立ルールを構築するために多くの組織メンバーが動員される。結果として，新たな組立ルールが多くの多義性を縮減することになる（Weick, 1979, pp.169-172）。

　ワイクのモデルは複雑かつ難解なため，その全貌を詳細かつ具体的に説明するとなると困難を極めるため，ここでは読者の理解を促すことを優先し，多少デフォルメした組織化の具体例を示してみたい。市場の成熟化による製品のコモディティ化に直面し，これまでにない斬新な新製品を市場に投入しなければならない課題に直面している大企業を想定してみよう。生態学的変化とは，上記のような外部環境の変化であり，こうした環境変化に呼応し，この企業では従来行われたことのない開発プロセスで製品化にこぎ着け，大ヒット商品へと

成就したとする。成熟した大企業ではさまざまなルールが敷かれており，当然この開発ヒットメーカーを周囲は冷ややかに見ていたが，その後も既存ルールから逸脱した開発プロセスによってヒット商品を連発することができたとしよう。すると，冷笑していた周囲が，そのヒットメーカーの逸脱行動を意味あるものとして認知し模倣するようになるだろう。そうこうしているうちに，このヒットメーカーの開発プロセスがこの企業に定着し，それをサポートする非公式的な規範や公式的な制度が整備されるかもしれない。

　このように，ワイクの組織化のモデルは，組織に先行して目的があるのではなく，組織を構成するメンバーの行為がまずあって，その行為の試行錯誤の末に組織にとって有意味で有意義な行為が選択・保持され，組織の共通基盤となり共有されていく様を描いている。組織が掲げる共通目的を押しつけられるのではなく，組織メンバーが職場内での相互作用の過程を通じて自らが意味を創造したり，周囲から意味付与されたりすることで，目的や目標が創発していく組織化にあって，必然的に組織が自分事化されるのは自明である。ただし，ワイク自身も主張しているように，適応が適応可能性を排除してしまうように，組織化の過程がルーティン化してしまうことに警鐘を鳴らしている。組織化をルーティンならしめないために常時複雑化させる手段として，常に疑いの眼差しを組織化の過程に向けることを提唱している（Weick, 1979, p.176, p.335）。こうした方策は，学習棄却（unlearning）という研究視座でもその重要性が指摘されており，学習棄却とは陳腐化した既存の知識を意図的に捨て去ることであり，サン＆ザーラ（Tsang & Zahra, 2008）によれば，組織ルーティンの棄却こそが組織的な学習棄却の肝になるという。こうした学習棄却の契機には，先述した主たる所属組織の外部活動を通じて行われる越境学習が大きく寄与することを強調しておきたい。

本章を読んで今すぐ実践できることを考える

- 自分をみる目や他人をみる目が変わったと感じる経験を思い出しながら，なぜ変わったのかについて考えてみてください。

- メンバーたちに組織を自分事として認識してもらうための問題・課題を書き出してみましょう。
- その問題・課題を解決するためには，誰が何をどうやって行ったら良いか，その方策を考えてみましょう。

参考文献

Barnard, C. I. (1938) *The Function of the Executive*, Harvard University Press. （山本安次郎・田杉競・飯野春樹訳『新訳 経営者の役割』ダイヤモンド社，1956年）

CRMLearning (2001)『ピグマリオン効果―期待感が持つ魔法の力』INA International Relations, Inc.（ビデオ研修資料）

石山恒貴（2011）「組織内専門人材の専門領域コミットメントと越境的能力開発の役割」『イノベーション・マネジメント』8，pp.17-36

金井壽宏（1993）『ニューウェーブマネジメント』創元社

加藤勝康（1996）『バーナードとヘンダーソン』文眞堂

申美花（2002）「ホワイトカラーの二重コミットメントに関する研究―コミットメントによる人材タイプ別の比較」『三田商学研究』44(6)，pp.117-143

Livingston, J. S. (1969) Pygmalion in Management, *Harvard Business Review*, Jan., pp.121-130.

Rosenthal, R., & Jacobson, L. (1966) Teachers' Expectancies: Determinants of Pupils' IQ Gains, *Psychological Reports*, 19, pp.115-118.

Rosenthal, R., & Jacobson, L. (1992) *Pygmalion in the classroom: Teacher expectation and pupils' intellectual development (expanded ed.)*, New York: Irvington.

Tsang, E. W. K., & Zahra, S. A. (2008) Organizational unlearning, *Human Relations*, 61 (10), pp.1435-1462.

Weick, K. E. (1979) *The Social Psychology of Organizing 2nd ed.*, McGraw-Hill. （遠田雄志訳『組織化の社会心理学（第2版）』文眞堂，1997年）

Weick, K. E. (1995) *Sensemaking in Organizations*, SAGE Publications.（遠田雄志・西本直人訳『センスメーキング イン オーガニゼーション』文眞堂，2001年）

もっと学びたくなった人のために推薦する本

播摩早苗（2010）『リーダーはじめてものがたり』幻冬舎
推薦理由：チーム長になった主人公がいろいろな試練を経ながら部下を認めるスキルを獲得していく過程を物語風に記述したビジネス小説。承認力やコーチングに関心がある人の入門として最適。

Barnard, C. I. (1938) *The Function of the Executive*, Harvard University Press.（山本安次郎・田杉競・飯野春樹訳『新訳 経営者の役割』ダイヤモンド社，1956年）
推薦理由：組織のメタ理論たる本書は非常に難解だが，現在も輝きをまったく失う

ことのない古典で読めば読むほど含蓄に満ちあふれている。

Weick, K. E. (1979) *The Social Psychology of Organizing 2nd ed.*, McGraw-Hill.
　（遠田雄志訳『組織化の社会心理学（第2版）』文眞堂，1997年）
推薦理由：上記の推薦書と同様に難解極まりないが，組織の機微に迫る心理学的要
素が随所にちりばめられており読み応えがある。

第 2 章

やる気のルーツを探る

● 事前学習のために問いを立てる ●

- あなたがやる気になるきっかけはなんですか。
- やる気になったら，すぐに行動しますか。
- あなたの周りにいつもやる気満々で，頑張っている人はいますか。

🔎 キーワード

モチベーション（動機づけ），内発的動機づけ　目標設定理論，
自己決定理論，パーソナリティ

1. ストーリー「三者三様のモチベーション」を読む

2年次からスタートするゼミに15名の学生が入室してきた。その中でゼミに意欲的な2名の学生（見掛さんと腰掛くん），実直そうで控えめな1名の学生（縁力さん）に注目して，3名のモチベーションが大学生活や卒業時の目標にどのように影響したのかをみてみよう。このゼミ生たちには共通点がある。それは，大企業に就職するという目標に向けて，1年次から授業や特別プログラムのフィールドワーク（以下FW）に励んでいることだ。

1. 1 研究発表大会の準備をする

学内の研究発表大会出場を目指し，テーマごとに3グループに分かれ準備をしている。

縁力さん＆腰掛くんグループ

2人は仲の良い友人である。腰掛くんが，意気込んで役割分担や次回までの作業についてテキパキとみんなをまとめている。次回は，各自で文献を探して作成したレジュメの報告である。縁力さんは自分の役割が決まり，すでにPC教室で作業をはじめている。腰掛くんはメンバーへの助言や支援で忙しい。その後，縁力さんは毎日時間を見つけてはコツコツ進め，腰掛くんは前日に徹夜で仕上げた。この繰り返しで数か月が過ぎ，アンケート調査の時期である。

腰掛くん：内容はまとまったし，あとはアンケート調査だけだ。

一同　　：早くやらないと間に合わないね。

腰掛くん：FWが忙しい。みんなで作ってよ。

縁力さん：私たちが作ったものでいいの？

腰掛くん：まずは，作って。

縁力さんがアンケート項目を作り，メンバーやゼミ教員に相談して仕上げた。

縁力さん：一応，みんなで作ったけど，どう？

腰掛くん：いいんじゃない。じゃ，これでアンケートをとって。よろしく。

　周囲の協力で調査をしたのは縁力さん，大会の発表資料を作成したのは腰掛くんだ。

見掛さんグループ

　研究テーマが決まらず，来週までに各自で考えることになった。活動的な見掛さんはゼミでは発言が少なく，目立つほどではない。翌週，各自が案を出し合っている。

見掛さん：組織とか面白そうな感じがする。

一同　　：なんだか，難しそう。

見掛さん：なんでもいいよ。

一同　　：モチベーションでやろう。じゃ，分担はどうする？

見掛さん：みんな先に選んで。残ったところを私がやるわ。

　1か月に1回，進捗状況を報告し，作業は各自で行っている。報告会以外は，お互いに接触がなく，発表資料は見掛さんが各自の作成した資料をつなげただけである。

1. 2　研究発表大会に参加する

縁力さん＆腰掛くんグループ

　発表はジェスチャーを使って手慣れたトークの腰掛くん，丁寧な調査を行った縁力さんの2人だ。質疑応答はメンバーが担当するはずだったが，腰掛くんが全部答えてしまった。それなりの評価は得られた。

見掛さんグループ

　発表は見掛さんだ。担当部分は完璧に説明したが，それ以外は原稿を棒読みし，質疑応答は各担当者が答えた。適当に答える人，沈黙してしまう人がいた。結果は可もなく不可もなく。見掛さんはメンバーに不満げであった。

1. 3　4年間の成果をみる

縁力さん

　ゼミや授業，FW，後輩ゼミの手伝いなどに休むことなく活動している。卒

業論文は，週に1，2回はゼミ教員の指導を受け，1年かけて作成し，優秀論文賞に選ばれている。

　就職活動は解禁日である3年生の3月から始めた。インターンシップの代替として，1年次から自治体や企業と社会問題に取り組むFWに参加していた。志望業界でエントリー企業を絞り，5月初めには大企業2社から内定を得た。

見掛さん

　一見して活発で積極的な印象が強く，FW教員の評判が良い。研究発表大会後にはゼミに出席するも意欲がなかった。就職活動で有利になるという理由でFWには相変わらず熱心である。

　就職活動にも意欲的で，3年夏に複数社のインターンシップに参加し，11月頃には内定を得た。解禁日に就職活動を始めたが，うまくいかず6月頃に活動をやめた。9月にゼミ仲間が大手企業に内定したことを知り，活動を再開した。不満だがこの活動で内定を得た企業に決めた。卒業論文は書かずに，就職後に役立つ資格取得に励み，「まあ，いいか」と不満げにいいながら卒業した。

腰掛くん

　FWでは，主に企画，企画書づくり，企業や自治体との交渉を担当した。これが腰掛くんの自信と優越感になっていた。FWに専念しすぎて4年次には単位不足で，1週間が授業で埋まった。ゼミは参加するだけ，卒業論文は最後の1週間で仕上げたものを提出した。

　就職活動は縁力さんと一緒に3月に開始し，業界を絞り大企業に応募していた。ある程度まで選考に進むことが仇になり，12月にようやく小規模の外資系企業の内定を得た。外資系であることを自慢していたが，納得してはいなかった。

　モチベーションが高そうに見えるが打算的なものにだけ高い見掛さん，すぐにモチベーションが高くなるが冷めやすく移り気な腰掛くん，モチベーションの高低がなく平常心で物事に地道に取り組む縁力さん，この3名は授業やFWなど同じような環境のなかで活動して4年間を過ごした。見掛さんと腰掛くん

は後悔を感じながら，縁力さんは充実した日々を振り返りながら卒業していった。

- なぜ，モチベーションは低下したり，失われたりするのでしょうか。
- モチベーションはどうすれば維持できるのでしょうか。
- 目標を達成するために，モチベーションは高いほうが良いのか，そもそも必要なのでしょうか。

2.　背後にあるロジックを知る

　組織は，モチベーションを従業員の努力や貢献を引き出す手段の一つとして活用している。モチベーションが人を行動に駆り立て，行動すれば結果につながるという前提に立っているからである。そうはいっても，ストーリーのように行動につながっても，達成する人とそうでない人，最後までやり抜く人と中途半端を繰り返す人がいる。仕事への努力と組織への貢献は，従業員にとっても能力を高め，評価を得る機会である。私たちは，組織の提供するモチベーションというチャンスを逃さないように，ベースとなるモチベーションの資質を育てておく必要がある。

　ストーリーから，人はモチベーションがあっても，目標に向けてやり遂げることが難しいことがわかる。モチベーションが活かせない人は案外多い。人の動機づけられた行動は乳幼児から始まり，パーソナリティを形成しながら，目的を設定し意図的に行動する成人のモチベーションに適応していく。

　本章では，従来のモチベーション理論の紹介と，モチベーションの源泉とその潜在力を育てる過程を理解する。類似した用語を整理してから，ライフサイクル論を用いてモチベーションの源泉とその潜在力になるパーソナリティ特性，動機づけの発達プロセスについて概観し，組織のモチベーション（ワークモチベーション）理論へと展開する。

2. 1 動機と動機づけ，ワークモチベーションの違いを知る

　モチベーションは何か目標とするものがあり，それによって人を行動に駆り立てるもので，「何かをしようとする意志，その行動ができることが条件となって欲求を満たそうとすること」(Robbins, 2005) とされる。日本語では動機づけと訳され，動機とは異なる（上淵, 2019）。動機は，生理的，心理的な欠乏を解消できるかもしれない結果が魅力的に見えている状態で，欲求や認知などを包含する。モチベーションは，目標という誘因と欲求という動因の組み合わせと考えられ（松山, 2009），どのような理由でどのような行動を行うのか，どの程度行動するのか，どの程度継続するのか（エネルギーの方向性，行動の強度，継続性）（山口・金井編, 2007；池田, 2017）の3要素からなり，それらに影響を与えるプロセスである。

　職場や仕事に関するモチベーションはワークモチベーションという。ワークモチベーションは，「目標に向けて行動を方向づけ，活性化し，そして維持する心理的プロセス」(Mitchell, 1997)，「組織や仕事に関連した目標に向かい高い水準で努力することの意思や心理的プロセスであり，それにより働く人が何らかの欲求を満たそうとすること」(日詰, 2009) などと定義される。モチベーションは活力となる力の集合であり，仕事に関連した行動を始め，その形態，方向，強度，期間を決定する (Pinder, 1998)，努力への意志なのである。

　組織，個人どちらのモチベーションも，一連のプロセスにおいて目標を設定し，それを達成するために，何をどのように，どれぐらいのエネルギーと時間をかけて行うのかを決定するものである。組織のモチベーション理論は，動機づけられた人は目標を達成するために積極的に取り組む主体的で自己肯定感が高い，ポジティブな人間観を前提にしていると考えられる。しかし，ストーリーのように，現実は理論どおりにいかない。

2. 2 モチベーションのパーソナリティを形成する

　モチベーションの源泉とされるエネルギーの方向性，行動の強度，継続性は，その潜在力となる人の心理・社会的発達の各段階で形成されるパーソナリ

図2-1　動機・動機づけ，行動関係と動機づけのプロセス

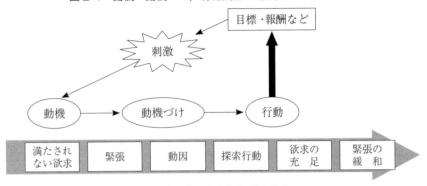

出所）Robbins（2005）；山口・金井編（2007）ほかを参考に筆者作成

ティに依存し，それが行動や結果に影響する。モチベーションと結果がつながる人はそう多くない。重要なのは，パーソナリティは再形成できるということである。そこで，モチベーションの源泉を検討して，その潜在力に関わるパーソナリティをいつ，どのように獲得するのかをライフサイクル論を取り上げて，モチベーションとパーソナリティの関係を検討する。

2. 2. 1　モチベーションの源泉にグリットと欲求充足を加える

　モチベーションのプロセスを，① モチベーション→行動，② 行動→結果の2段階に分けて考えると，① は目的や方向性，② は行動の強度と継続性に影響される。目的や方向性が明確でないと迷いが生じ行動への遅れや，そもそも行動に至らない場合がある。行動に移っても強度と継続性が十分でないと途中で挫折してしまう。あるいは新たなモチベーションに刺激され次の行動に取って代わられてしまう。行動を起こし，それをやり遂げることはストーリーのとおり簡単ではない。

　モチベーションは欲求を充足すると緊張が緩和されて完了する（図2-1）。緊張の緩和は目標達成で十分な満足を得て充足したときだけではない。期待する結果でなくても，人は活動中の制約や障害によって適度な結果でも満足する満足化原理によって緊張が緩和する。つまり，緩和は結果が望ましいかを決定する人の認知で決まる。このことから，グリット（grit）（行動を最後までやり抜く

表2-1　ライフサイクルの発達段階

発達段階	発達課題	クリアできない状態 （危機）	獲得する力 （美徳）
乳児期	基本的信頼	基本的不信	希　望
幼児期初期	自律性	恥・疑惑	意　志
遊戯期	自主性	罪　悪　感	目　的
学童期	勤勉性	劣　等　感	有能感
青年期	同一性	同一性の拡散	忠　誠
前成人期	親　密	孤　独	愛
成人期	生殖性	停　滞	世　話
老年期	統　合	絶望・嫌悪	英　知

出所）Erikson（1959）を参考に筆者作成

力）と欲求充足の程度はモチベーションを結果につなげる源泉であると考えられる。

2. 2. 2　モチベーションの潜在力を育てる

　ライフサイクル論にはさまざまな考え方があるが，ここでは，乳幼児からのパーソナリティの形成を段階的に示したエリクソン（Erikson, 1959）の理論を用いてみる。エリクソンは，対人関係，社会関係のなかで有していなければならない人格（以下パーソナリティ）発達の基本的特性を8段階で示し，心理・社会的危機と呼んでいる（水山, 1990）。表2-1は，獲得すべき発達課題と対立概念（危機課題），さらに発達課題を解決し危機を克服することで，心理・社会的特性である美徳（心理的な活力，人間に備わる強さ）が得られることを示している。この美徳は，発達課題と危機は対比の関係だけでなく相補性をもち，2つの対立から獲得するものとされる。人は各段階の課題をクリアしながら，心理・社会的に成熟していく。しかし，クリアが不十分であったり，クリアできない状態のまま次の段階に進むことは珍しくはない。

(1)　乳児期：基本的信頼と希望

　基本的信頼は，人間が社会関係を形成していくための基盤である。生存，不快など生理的緊張を緩和し，愛情などの心理的欲求を充足させてくれる母的（周囲の大人）な存在から信頼感を獲得し，他者へと広げていく（水山, 1990）。不

信との葛藤を克服し，「希望」の獲得と自己信頼感を育てるのがこの時期である（吉田，1995）。基本的信頼は成長して他者との社会関係を結ぶ際に必要な自己—他者の感覚を与えるものである（井上，1982）。

(2)　**幼児期初期：自律性と意志**

　言葉と歩行が始まるこの時期は，自分を主張するようになり（水山，1990），「しつけ」や周囲の要求とのバランスのなかで自己をコントロールしていくこと（自律）を学ぶ。自己主張と他者への従順の葛藤を解決できたときに「意志」の感覚が生まれる。自律性は，社会や他者の期待に応えながら自己主張を通す能力と人間関係の基礎を作り（吉田，1995），自己表現と自己統制の調和を学ぶことが重要になる（井上，1982）。

(3)　**遊戯期：自主性と目的**

　自主性は，自ら発想し何かを始めようと行動する意欲で，自分の意志で自発的に新しい方向に行動することである（水山，1990）。遊びをとおして，協調や共感を身につけ対人関係を発展させる。積極的な言動が拒否され，経験する罪悪感と自主性の葛藤を克服した時に「目的」という感覚を得る。これらの経験のなかで，目標を達成する能力と責任感を身につけて一個の人格，社会的な存在として自分を意識するようになる。

(4)　**学童期：勤勉性と有能感**

　勤勉性は，物事や課題をルールに従ってきちんとこなすことで自信をつけ，やるべきことを最後までやり遂げることである。この時期は，学びの喜びや価値を見出すが，努力してもできないことで他者と比べて劣等感を感じることもある。この葛藤から，やればできるという有能感を獲得していく。勤勉性は，仕事や人生で困難な問題に直面しても，課題に取り組むことができ，継続性だけでなく，努力の源にもなる。学童期は，モチベーションにおいて行動の強度や継続性を決定する重要な時期である。

　モチベーションは源泉であるエネルギーの方向性，行動の強度，継続性と，その潜在力となる自律性や自己効力感，有能さ，関係性が目標達成を左右す

る。しかし，人は万能ではない。発達段階でクリアしていない課題は何か，自分の成長や力を見直して不十分なパーソナリティを再形成することで，私たちはモチベーションを自分事化して，自分の武器にできる可能性がある。

2. 3　動機づけの発達を理解する

　動機づけのメカニズムについては，その起源を生得的，経験的，あるいは双方の関連性とする議論がある。つまり，動機づけの発達はパーソナリティの形成において発達課題がクリアできているか，どの程度できているかに影響すると考えられる。ここでは，乳児期から始まる動機づけの発達について考え方を理解する。

2. 3. 1　動機づけが変化する

　人は生後間もなく，環境のなかで自ら効果的で有能な存在であろうとする内発的に動機づけられた行動を始める（高﨑，2019）。この行動は，目の前にある対象や新しいものに反射的に向けられる。成長とともに，よりうまく行動できるように習熟への欲求に向かい，成人になると特定の価値ある目標達成に向けられるようになる。乳児は，自分の周囲の環境に関わりたい，何らかの変化を生じさせたいという欲求をもっている（子安・二宮編，2004）。「環境と効果的に相互作用する能力」（コンピテンス）への欲求を満たす行動をイフェクタンス動機づけ（effectance motivation）という（高﨑，2019）。環境に関わり，わからないことや新しいことへ挑戦して，有効に操作したい欲求を満たすと，有能感や効力感，楽しさを感じるようになる（White, 1959）。

　イフェクタンス動機づけは，徐々に効力感を求めて特定の課題に習熟したり，達成しようとする行動に変化する。挑戦的な課題の解決を目指し，解決することに満足したい動機づけをマスタリー・モチベーション（mastery motivation）という（Harter, 1975；高﨑，2019）。このような環境の統制，熟達を求める欲求は「達成動機」ともいう。乳児期からの認知・身体機能の発達とともにマスタリー・モチベーションは質的に変化する（表2-2）。

　マスタリー行動の変容の指標の一つが目標志向的行動である。表2-2にある

表 2-2　マスタリー・モチベーションの質的変化

	マスタリー行動の特徴	有能感
出生～	新規な現象や変化に反応し，行為に意図がみえてくる	環境を知る
生後 2 か月～	自分の行為が環境に与える影響に関心が向く	環境に変化を起こす
生後 9 か月～	手段として行為を意図的に行い，環境変化を起こす目標に向かう	意図した結果を得る
生後 18 か月～	自分の活動の最終目標を設定できるようになる	基準に基づく目標達成
3 歳頃～	課題の難易度を理解し，難しい課題に挑戦する	挑戦的な課題に成功する
7 歳頃～	課題の達成を目指す	高いレベルの成功，達成
10 歳頃～	高い評価を得るために行動する	能力の評価を得る

出所）高﨑（2019）p.152 を参考に筆者作成

ように，人はできることがふえ，求める有能感の質が変化し，徐々に高度な知識やスキルを用いて難しい挑戦的な課題に向かう目標志向的行動が発達する。子どもは，結果と取り組みを褒めるフィードバックを得ると，自己のマスタリー行動を評価するようになる。結果について自分の能力と課題の難易度とに分けて捉え，徐々に状況判断と自己のコンピテンスを正確に把握する。成果や達成を意識しはじめ，マスタリーは高い成果を求める達成の動機づけに分かれていく。また，他者が賞賛する基準をマスタリー目標と認識することで，自分で目標設定ができるようになる（高﨑，2019）。

　変容に影響するもう一つが，努力と能力の分別である。幼児期は努力すればできるようになると捉えるので失敗にネガティブにならない。児童期に入ると，能力（できる・できない）を判断するようになり，結果に対して能力と努力を分けて捉える。そこで，自己の評価やコンピテンスを正確に把握して課題の成否を関連付け，失敗は能力の低さであり，努力で能力は変化しないと考える。そして，失敗はネガティブなものなので回避したり，努力を傾けなくなる。

　マスタリー行動の変容は，モチベーションの 3 要素であるエネルギーの方向性，行動の強度，継続性の起点になり，モチベーションの成否に大きく関わってくると考えられる。

2. 4 自分事化のモチベーション理論を探る

モチベーションの基礎理論を説明し，自分事化に近づく理論の候補として目標設定理論を紹介する。

2. 4. 1 基礎理論を復習する

モチベーションの考え方には，人がどのような欲求をもっているのか，動機に注目する内容理論と，動機からどのように行動が引き起こされるのか，動機づけられるメカニズムに焦点をあてる過程理論の2つがある。

内容理論を代表するのが欲求階層説である（表2-3）。人には欲求があり，満たされない欲求を満たそうとして行動を起こし，充足すると行動が終了する（図2-1）。欲求は低次から高次まで階層を成している。マズロー（Maslow, 1954）の特徴は，低次から1段ずつ欲求を満たして上位の階層に移行し，欲求が後退することがないと考えている点にある。それに対して，アルダーファ（Alderfer, 1972）は，ある欲求が満たされないと，低次の欲求が強まる「欲求の逆行・移動」があることを指摘している。

欲求階層説以外の代表的なものとしてマクレランド（McClelland）の達成欲求理論や，職務満足の要因と不満足の要因が異なることを発見して不満要因を衛生要因，満足要因を動機づけ要因としたハーズバーグ（Herzberg, 1966）の二要因理論がある（表2-3）。その他に，マグレガー（McGregor, 1960）が人間の本質を否定的な側面と肯定的な側面で捉えたX理論・Y理論がある。

過程理論には，公平理論（Adams）と期待理論の2つの系譜と，職務特性理

表2-3 欲求理論の比較

Maslowの欲求階層説	AlderferのERG理論	McClellandの達成欲求理論	Herzbergらの二要因理論
生理的欲求 安全欲求（物質的）	生存の欲求		衛生要因
安全欲求（人間関係）	人間関係の欲求	親和欲求	
所属と愛の欲求 自尊欲求（人間関係）		権力欲求	
自尊欲求（自己） 自己実現欲求	成長の欲求	達成欲求	動機づけ要因

出所）Alderfer（1972）；桑田・田尾（1998）を参考に筆者作成

論，次項で説明する目標設定理論などがある。ここでは有効とされ支持されている期待理論を取り上げる。ブルーム（Vroom, 1964）の期待理論では，モチベーションは，① 努力すれば相応の成果（目標達成）が得られそうだという期待と，② 成果の価値や魅力の程度を掛け合わせたもので表せる（桑田・田尾，1998）。さらに，魅力は成果から得られるさまざまな報酬の魅力度（誘意性）と，成果が報酬を得るのにどれほど役に立つか（道具性）を掛け合わせたものになる。この理論の特徴は，期待，誘意性，道具性のどれか一つがゼロになるとモチベーションが失われる点，魅力は複数あるという点である。

2. 4. 2　目標設定理論で自分事化に接近する

　ワークモチベーションは，目標を設定し，自ら何をどのようにするかを決定できる状況で高くなると考えられる（桑田・田尾，1998）。特に，意識的な目標設定はそれを達成しようとする意欲や努力を刺激するからである（二村，2009）。

　目標設定理論（Locke & Latham, 2006）は，目標の設定を工夫してモチベーションを高めるという考え方である。目標は具体的で明確なほうが動機づけられる。目標達成に向けて何をどのようにすべきなのかを考え，計画をもとに効率的な成果の向上につながる（山口・金井編，2007）からである。また，困難で高い目標は業績を高める効果がある。目標がない，あるいは容易な目標よりは，努力する価値があると捉え努力の量や持続性が増す（山口・金井編，2007）。その結果，高い成果が期待できるからである。ただし，困難な目標が受け入れられることが前提である。

　この理論のポイントの一つは，目標設定への参加と目標の難易度である。目標設定理論では，本人が参加して目標を決めたほうが目標を受け入れやすく，目標達成を目指した努力につながると考える（松山，2009）。また，自らの能力や資質に合った目標を設定し，それを実行・評価されることで，以前の目標より高い目標を設定する好循環を生む（桑田・田尾，1998）。好循環により自分はやればできる，できる能力があると感じ自己効力感が醸成される。

　さまざまな課題が指摘されているが，モチベーションの源泉として目標が重要であるとの考え方は，多くの実証によって裏付けられている。

2. 5　モチベーションを自分事にする

　課題が楽しい，やりがいがあるなどの行動自体が目的になると，私たちの日常は充実したものになるだろう。これが自分事のモチベーションなのだろう。ストーリーの中に，積極的な活動が楽しいからではなく，目的達成のために手段として行動する学生がいる。その結果，行動へのモチベーションが低下し積極的でなくなり，行動が移行するなどの様子が描かれている。一度始めた行動に積極的に取り組み，それを継続して，課題や行動を楽しめるようになりたい。そう思う人に示唆を与える考え方を紹介する。

2. 5. 1　外発的動機づけなのか内発的動機づけなのか

　モチベーションは内発的なものと外発的なものに分けられる。行動が報酬や罰など外的誘因でもたらされるものを外発的動機づけ，外的誘因が認められず行動自体が満足の源泉になるのが内発的動機づけである（松山，2009）。内発的動機づけは主体的でポジティブ，外発的動機づけは否定的でネガティブなイメージで受け取られがちである。たとえば，内発的動機づけの活動に金銭的報酬を提供すると，活動への興味を失い，内発的動機づけが低下するアンダーマイニング効果（Deci, 1971）がある。一方では，承認や賞賛など非物質的な外的報酬が内発的動機づけを高めるエンハンシング効果が確認されている。

　内発的動機づけにも，行動自体が目標である通常のポジティブな内発的動機づけと，行動自体が負の目標であるネガティブな内発的動機づけがある。また，ワークモチベーションは外的報酬と切り離すことはできないし，組織のなかには金銭的報酬や外発的動機づけで意欲的に仕事をする人が多数存在する。必ずしも外発的動機づけがネガティブ，内発的動機づけがポジティブであると，イメージのように一括りにはできないのである。

2. 5. 2　自己決定理論でモチベーションを始動させる

　内発的動機づけを発展させた自己決定理論（Deci, 1971）は，多様な理論や視点で構成されているため，批判が多くまだ発展途上である。それでもなお，モチベーションを自分事として考えるときに，理解してほしい理論である。

　外的報酬が内発的動機づけを抑制するのではなく，近年，報酬やパフォーマ

ンスに基づく金銭的報酬は動機づけを高めることが明らかになっている。この現象を説明する自己決定理論は，課題に取り組む私たちに，どうすれば動機づけを高めることができるかを示唆してくれる。

　この理論は，外発的動機づけと内発的動機づけを対立的ではなく一次元の両端に位置づけ，人の動機を外的なものから内的なものに移行する連続性で捉えている。外発的動機づけは，その行動が外部の影響（他律性）から自己決定（自律性）に変化していく度合いで4つに分けられる（Ryan & Deci, 2017）。① 外的調整は，外的な要求に追従する行動で，やらないといけない，周囲がやるからやるという動機づけである。② 取入れ的調整は，積極的な行動ではないが行動の価値を一部認め，他者を意識して周りよりはよくありたい，できないと恥になることを回避する行動である。③ 同一化的調整は，外的な要求や義務でも自分なりの意味付けや価値を受け入れ，自分にとって重要や役に立つなど，これまでの段階より自律性をもつが，あくまでも外発的動機づけの範囲になる。④ 統合的調整は，活動の価値と自己の欲求が調和した状態で，活動が楽しいと行動自体に魅力を感じるという動機づけである。

　統合的調整は，その行動を自己の目標達成のツールとして重要と捉えているにすぎず，自己の目標と行動の価値が一致する内発的動機づけとは異なる。自己決定的である点から，双方とも自律的な動機づけと考えられている。このように自己決定理論は，モチベーションの変化をみることができる。指示・命令されて義務的に始めた活動であっても，自分なりに意味付けて意義を見出し，その活動に興味や関心をもつようになり，進んで取り組めるようになる。

　自己決定理論は，人の行動とパーソナリティの発達に関する理論である（Ryan & Deci, 2017）。外発的から内発的な動機づけの変化は，行動を外的な価値から自己の価値に内在化していくプロセスである。内在化は有能感，自律性，関係性への欲求充足によって促され，3つの欲求が満たされたときに，内発的動機づけが促進され最も意欲的に活動する。そして，自律した個人として支えあう仲間を得て，周囲に効果的に働きかけることができ，well-being や心理的成長を獲得できるという（Ryan & Deci, 2017）。

2. 5. 3　ワークモチベーションが自分事になる

　ワークモチベーション管理の基本は，自ら進んで働きたいという意欲を醸成するように，従業員自身の内面から出る意欲や関心に基づく内発的動機づけによる行動を促進することである。内発的動機づけは，自分で決めた活動自体が目的となり，活動に関わるほどやりがいや充実感が得られ，内的報酬が高まり，個人の成果が向上すると考えられている。たとえば，こんなふうにワークモチベーションが自分事になるだろう。

　製品開発をやりたいと希望をもって入社したら，配属先は営業部だ。毎日，商品の売り込みや配送，こんなはずではなかった。売上目標を達成できず上司に叱責され，得意先にはコスト削減を強いられうんざりしているが，働かなくては生計が成り立たない。とはいえ，同僚や上司にできないやつだと思われたくない。自分だけが営業成績が悪いのはカッコ悪い。恥ずかしくない，怒られない程度に仕事をしよう。

　仕事にも慣れ，営業先とも雑談を含めて関係性ができ始めている。商品に関する消費者の声や弱み・強み，ライバル商品に関する情報を仕事に活かしていくうちに，営業成績もあがり，将来製品開発に配属されたら少しは役立つだろうと思いながら，営業の仕事を頑張るようになっている。先日，新商品開発プロジェクトが立ち上がり，営業部の代表として市場分析を担当することになった。営業として商品や消費者の嗜好に関する知識や情報提供が製品開発のヒントになり，プロジェクトが活性化している。やりたい仕事ではなかったけど，自分ってできる，それになんだかやりがいがあり，楽しい。さあ明日からも頑張ろう。

本章を読んで今すぐ実践できることを考える

- いま頑張っていることのスタートから動機づけの変化を確認してみましょう。
- やりたいことを見つけて，あなたにあった目標を設定して行動してみましょう。

参考文献

Alderfer, C. P. (1972) *Existence, relation, and growth : human needs in organizational settings,* Free Press.

Deci, E. L. (1971) Effect of Externally Mediated Rewards on Intrinsic Motivation, *Journal of Personality and Social Psychology,* 18, pp.105-115.

Deci, E. L. (1975) *Intrinsic motivation,* New York.（安藤延男・石田梅男訳『内発的動機づけ―実験社会心理学的アプローチ』誠信書房，1980 年）

Deci, E. L., & Ryan, R. M. (2000) Self-determination theory and the facilitation of intrinsic motivation, social development, and well-being, *American Psychologist,* 55 (1), pp.68-78.

Dweck, C. S. (2002) The development of ability conceptions, in Wrigfield, A., & Eccless, J. S. (eds.), *Development of achievement motivation,* Academic press, pp.57-89.

Erikson, E. H. (1959) *Psychological Issues Identity and Life cycle,* International Universities Press, Inc.（西平直・中島由恵訳『アイデンティティとライフサイクル』誠信書房，2011 年）

Gagne, M., & Deci, E. L. (2005) Self-Determination Theory and Work Motivation, *Journal of Organization Behavior,* 26 (4), pp.331-362.

Harter, S. (1975) Developmental differences in the manifestation of mastery on problem-solving tasks, *Child Development,* 46, pp.370-378.

Herzberg, F. (1966) *Work and the Nature of Man,* The World Publishing Company.（北野利信訳『仕事と人間性』東洋経済新報社，1978 年）

日詰慎一郎（2009）「仕事への動機づけ」産業・組織心理学会編『産業・組織心理学ハンドブック』丸善

池田浩（2017）「ワークモチベーション研究の現状と課題―課題遂行過程から見たワークモチベーション理論」『日本労働研究雑誌』684/July, pp.16-25

井上真理子（1982）「E. H. エリクソンにおけるアイデンティティ概念の形成過程」『ソシオロジー』27(2)，pp.1-19

子安増生・二宮克美編（2004）『キーワードコレクション発達心理学［改訂版］』新曜社

桑田耕太郎・田尾雅夫（1998）『組織論』有斐閣アルマ

Locke, E. A., & Latham, G. P. (2006) New Directions in Goal-Setting Theory, *Current Directions in Psychological Sciences,* 15 (5), pp.265-268.

Maslow, A. H. (1954) *Motivation and Personality,* Harper & Row, Publishers, Inc.（小口忠彦訳『改訂新版 人間の心理学』産能大学出版部，1987 年）

松山一紀（2009）『組織行動とキャリアの心理学』大学教育出版

Mitchell, T. R. (1997) Mating Motivational Strategies with Organizational Contexts, *Research in Organizational Behavior,* 19, pp.57-149.

McGregor, D. (1960) *The Human Side of Enterprise,* McGraw-Hill Inc.（高橋達男訳『企業の人間的側面 新版』産能大学出版部，1970 年）

水山進吾（1990）「第 5 章　人格の発達」久世妙子・勝部篤美・山下富美代・住田幸次郎・水山進吾・繁多進編『[新版] 発達心理学入門』有斐閣新書

二村英幸（2009）『個と組織を生かすキャリア発達の心理学―自律支援の人材マネ

50

ジメント論』金子書房

西川真規子（2021）『はじめての組織行動論』新世社

西村多久磨（2019）「第2章　自己決定理論」上淵寿・大芦治編『新 動機づけ研究の最前線』北大路書房

Pinder, C. C. (1998) *Work Motivation: Theory, issues, and applications*, Upper-Saddle River, NJ: Prentice Hall.

Porter, L. W., & Lawler III, E. E. (1968) *Managerial Attitudes and Performance*, Homewood Illinois: R. D. Irbin.

Robbins, S. P. (2005) *Essentials of Organizational Behavior*, Pearson Prentice, Inc. （髙木晴夫訳『新版　組織行動のマネジメント』ダイヤモンド社，2009年）

Ryan, R. M., & Deci, E. L. (2017) *Self-determination theory: Basic psychological needs in motivation*, development and wellness, New York: The Guilford Press.

塩月顕夫・三原祐一・古屋順（2019）「目標管理制度の運用と従業員の内発的モチベーションの関係」『日本労働研究雑誌』709/August, pp.86-100

高﨑文子（2019）「第6章　動機づけの発達」上淵寿・大芦治編『新 動機づけ研究の最前線』北大路書房

上淵寿（2019）「序章　動機づけ研究の省察―動機づけ・再入門」上淵寿・大芦治編『新　動機づけ研究の最前線』北大路書房

Vroom, V. H. (1964) *Work and motivation*, Wiley.（坂下昭宣・榊原清則・小松陽・城戸康彰共訳『仕事とモティベーション』千倉書房，1982年）

White, R. W. (1959) Motivation reconsidered: The concept of competence, *Psychological Review*, 66, pp.297-333.

山口裕幸・金井篤子編（2007）『よくわかる産業・組織心理学』ミネルヴァ書房

吉田圭吾（1995）「第5章　人間関係の心理臨床」澤田瑞也編『人間関係の発達心理学1　人間関係の生涯発達』培風館

📖 もっと学びたくなった人のために推薦する本

Dweck, C. S. (2007) *Mindset: The New Psychology of Success*, Ballantine Books; Reprint, Updated ed.（今西康子訳『マインドセット「やればできる！」の研究』草思社，2016年）

推薦理由：誰もが自分の能力に限界を感じる。本書は，それを開放してくれる一冊である。

Deci, E. L., & Flaste, R. (1995) *WHY WE DO WHAT WE DO—The dynamics of personal autonomy*, The English Agency (Japan) Ltd.（桜井茂男監訳『人をのばす力』新曜社，1999年）

推薦理由：著者は内発的動機づけ，自己決定論で著名な研究者である。自分事に不可欠な内発的動機づけをどうすれば高めることができるかを，理論やエピソードを交えて解説している。

上淵寿・大芦治編（2019）『新 動機づけ研究の最前線』北大路書房

推薦理由：人と同様にモチベーションも変化していく。モチベーションの考え方をアップデートできる一冊。

第 **3** 章

組織の枠組みを越えて動く

● 事前学習のために問いを立てる ●

● あなたが今所属している組織のなかにはどのような役割が存在しますか。それぞれの役割は誰がどのように担当していますか。

● あなたが今所属している組織を絵で表現してみるとどのような形になりますか。

🔑 キーワード

組織構造の基本パターン，分業のメリット，事前と事後の調整，
分業のジレンマ，組織市民行動

1．ストーリー「役割と役割を越える意義」を読む

　きらびやかなお店が立ち並ぶ銀座の目抜き通りを一本入った路地裏にひっそりと佇む創作和食のお店がある。その店の名は「善悠庵」。板長を務める三浦正巳がつくる独創的な料理が評判のその店は，いつもお客様でにぎわっていた。日本人客のみならず，海外からのお客様も少しずつ増えつつあった。そう，パンデミックが起こるまでは……。

　パンデミック後，店の雰囲気は大きく変わってしまった。店は閑古鳥が鳴くようになり，従業員たちからは覇気が感じられなくなってしまった。しまいには，店の主人（オーナー）を務めていた人物も店の経営から手をひいてしまった。

　ある日のこと，一人の男が店の事務所を訪ねてきた。その男の名は前園俊哉。店の常連客の一人だ。風のうわさで店の厳しい状況を耳にし，居ても立っても居られなくなったという。どうしても店を潰したくなかった前園は「善悠庵」の新たな主人に名乗りをあげた。前園は勤めていた文房具メーカーを辞め，「善悠庵」にかつての活気を取り戻すべく店の経営の仕事に携わり始めた。しかし，前園は文房具メーカーに入社後，文房具のデザイン一筋であり，料理店経営に関する知識も経験も持ち合わせていなかった。

　そこで前園はある人の力を借りることにした。前園の幼馴染で今はファミレスのパートとして働く松永瑠偉だ。松永はかつて京都の老舗料亭で仲居頭として働いていた人物であり，一流料亭に必要な仕事の進め方やおもてなしに関する知識と経験を持ち合わせていた。松永は結婚を機に料亭を辞め，地元に戻り，子育ての傍らパートとして働いていたが，その子育ても一段落しつつあった。仲居の仕事に未練があった松永にとって前園からの復職の依頼は願ってもないものだった。かくして，前園の店に対する熱い思いにもほだされた松永は仲居の仕事を務めながら前園の相談役を兼務することになった。

　店の危機的な状況を何とか乗り越えようと「善悠庵」では新たな取り組みが行われようとしていた。テイクアウト可能な創作和食弁当作りだ。これは松永

による提案だった。店の新たな方針が前園から従業員たちに伝えられた。苦虫をかみつぶすような顔でその話を聞いていたのが板長の三浦だ。

　「うちの店は弁当屋じゃない。弁当なんて俺は作らない！」と三浦は強く反発した。そんな三浦に対し，前園の店を愛する思いに強く共感している松永も「店を生き残らせる道はこれしかないの！」といって一歩もひくことはなかった。2人の応酬はしばらく続き，店の中に険悪な空気が漂うなか，2人を仲裁する形で最終的に弁当作りの決断をくだしたのは新主人の前園であった。前園の決断を受け，三浦も自身の考えを変え，弁当メニューの開発にのりだした。

　弁当のメニューも決まり，主人である前園と松永は近隣の店に営業をかけはじめた。ほどなくして，前園が弁当の注文を取って帰ってきた。注文主は近隣の老舗の若旦那たちである。問題は注文の中身だ。若旦那たちが注文してきた弁当のメニューはそれぞれ異なっていた。それだけではない。配達時刻が同時刻となっていたのだ。三浦をはじめとする調理場の従業員たちは注文の内容を聞いた瞬間，「こんな注文，対応できない！」「断ってきてください！」と叫び声をあげた。

　しかし，一度受けた注文を店の都合で断ってしまえば，もう二度と注文されることはないだろう。かといって，舌が肥えていることで有名な若旦那たちに下手な弁当を出せば，お店の名前に傷がついてしまう。約束した配達時刻に遅れることなどはもってのほかだ。

前園「瑠偉ちゃん，どうしよう……」
松永「このピンチをうまくしのげば，店の評判を高める大きな転機となるかも
　　しれない。みんなで力をあわせて，このピンチをのりきりましょう」

　こうして「善悠庵」の命運をかけた弁当作りがスタートした。

松永「三浦さん，調理場ではこれまでどんな仕事の進め方をしていたの？」
三浦「なんとなくその場の雰囲気で手の空いている人に調理を担当してもらっ

ていたんだ」

松永「そのやり方は良くないわね。私が前に勤めていた料亭では一人ひとりの
　　持ち場が決まっていたの。私たちも仕事の持ち場をしっかりと決めましょ
　　う。板場（刺身担当）と煮方（味つけ担当）は板長が。蒸し場（蒸し物担当）は，
　　岡野さん。焼き場（焼き物担当）は山口さん，お願いします。揚げ場（揚げ物
　　担当）は，柱谷さんお願いできるかしら？」

　松永が声をかけた柱谷は，かつては都内の有名和食店で女性料理人として活
躍していた人物だ。しかし，男性優位の文化が今も色濃く残る料理人の世界に
辟易し，数年前に料理人の世界からは足を洗い，今は仲居の仕事を務めてい
た。

　松永からの依頼に対して，柱谷は「私は今，仲居専門です。仲居以外の仕事
はやりません」ときっぱりと断った。その答えを聞いた松永は少し残念そうな
表情を浮かべ，「そう……。仕方ないわね。山口さん，ごめんなさい。揚げ場
もあわせてお願い」と山口に焼き場とともに揚げ場も任せることにした。

　こうして決まった仕事の分担に基づいて調理をスタートしてはみたものの，
最初のうちはなかなかスムーズに仕事が進まなかった。一人で2つの仕事をか
かえてしまっている山口にいたっては，焼きあがったばかりのサワラの西京焼
きを焦って床に落としてしまい，パニック状態となっていた。

　そんな山口に松永は「山口さん，落ち着いて。2度目は手順がわかっている
から1度目よりも早くできるはずよ」と声をかけた。

　松永が山口を励ましている裏側で，揚げ場で静かに天ぷらを揚げ始めた人物
がいた。事態を見かねて着物から白衣に着替えた柱谷だ。柱谷の揚げる天ぷら
は本当に見事な出来栄えだった。

　紆余曲折ありながらも，注文どおりのお弁当が完成し，若旦那たちのもとに
無事に届けられた。その後，善悠庵のお弁当の美味しさが評判となったのはい
うまでもない。

- ストーリー内下線部「2度目は手順がわかっているから1度目よりも早くできるはずよ」という松永のセリフの根拠となりうる組織の特徴はどのようなものでしょうか。
- 仲居専門といっていた柱谷が揚げ場に立った行動は組織にとってどのような意味をもつでしょうか。

2. 背後にあるロジックを知る

2. 1　組織構造の基本パターン

　企業をはじめ学校や病院，官公庁，スポーツチームなど私たちの身近なところに存在する組織をよく眺めてみると，組織の目的達成に向けて，複数の人が仕事を分担しながら取り組む姿を見出すことができる。

　本章の冒頭で取り上げた「善悠庵」のストーリーでは，若旦那たちに届けるお弁当作りの裏側で，店の経営を担当する主人，お店に来られたお客様の接客を担当する仲居，調理場で料理作りを担当する料理人の姿を確認することができただろう。こうした組織のなかで仕事を分担して働く人たちの背後にあるコンセプトが組織構造である。

　組織構造とは，組織のなかで分担して行われる複数の仕事を調整し，組織全体としての成果に結びつけていく際の大枠の決め事であり，組織の基本的な骨組みとして，一人の力では成し遂げられない物事を複数の人と協力して成し遂げていく際の土台となっていく。

　こうした意味での組織構造をデザインしていくうえで重要となるのが，分業の在り方と分業した仕事の調整の在り方に関する決定である。ここではまず，分業と調整の在り方の2つの基本パターンについて確認してみよう。

2. 1. 1　職能別組織

　組織構造の基本パターンの1つ目は職能別組織である。職能別組織では，組織が成果を生み出すために必要な「職能」を軸に組織内部の部門化を進めていく。ここでいう職能とは「職務を遂行する能力」を意味している。

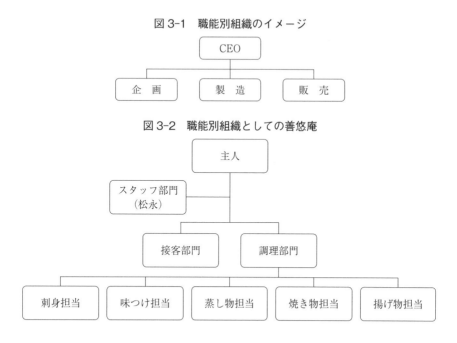

図3-1　職能別組織のイメージ

図3-2　職能別組織としての善悠庵

企業組織を例にとりながら考えてみよう。企業組織が社会のなかで果たしている職務は，顧客にとって価値のある製品・サービスの提供であろう。その職務を遂行するためには組織として多様な能力が必要となる。たとえば，新製品を企画する能力，企画された製品を製造する能力，製品を販売する能力など枚挙に暇がない。こうした能力の発揮に貢献できる人材を組織メンバーとして採用し，職能別に配置していく。こうして職能別組織の部門化は進んでいくことになる（図3-1）。

図3-2は「善悠庵」を職能別組織として図式化したものである。そこでは接客と調理という2つの職能を軸に「善悠庵」のなかが大きく2つに部門化されている。また，調理部門のなかでは担当する料理ごとの分業も行われている。

職能別組織のトップは，各職能部門の仕事の進捗状況を把握しながら，それぞれの仕事の成果を統合し，組織全体としての成果に結びつけていく役回りを担うことになる。職能別組織は図3-1に示されているとおり組織内の各職能部門から組織トップに向かって集中的に情報があげられる組織形態であることか

図3-3　事業部制組織の例

ら，職能別組織のトップには高度な情報処理能力が求められることになる。また，「善悠庵」でみられたような担当者間の衝突が生じた場合には，トップ自ら衝突の調整役を担う必要も出てくる。その意味でも職能別組織のトップにかかる負荷は大きなものとなる。

　こうした組織トップの負荷を軽減するために，トップを補佐するスタッフ部門を組織内に創設することがある。「善悠庵」でいえば，仲居だけではなく前園の相談役も務めていた松永がそれに該当するだろう。

2. 1. 2　事業部制組織

　組織構造の基本パターンの2つ目は事業部制組織である。事業部制組織では，組織が生み出す成果の属性を軸に組織内の部門化が進められていく。企業組織でいえば，製品のジャンルや製品のターゲット市場が成果の属性に該当してくる。たとえば，白物家電事業部やオーディオビジュアル事業部といった形で製品のジャンルごとに組織内を部門化する場合もあれば，ヨーロッパ事業部やアフリカ事業部といった形でターゲット市場ごとに組織内の部門化が行われることもある（図3-3）。

　各部門には成果を生み出すために必要な職能が一とおり揃えられており，個々の事業部が独立採算的に事業運営を行えるようになっている。事業部のトップである事業部長には事業部の運営に関わる意思決定の権限が大きく委譲されると同時に，事業部を一つの利益単位としてみなすことで結果に対する責任も求められるようになっている。

図 3-4　事業部制組織としての善悠庵

　事業部制組織が生まれる背景には組織を取り巻く環境の変化とそれに対応す
るために採用される新戦略の存在がある。技術や顧客の嗜好の変化にともない
製品の寿命が尽きることがある。仮に組織の生み出す製品が1種類しかなかっ
た場合，その製品の寿命が尽きるとともに組織の寿命も尽きてしまうことにな
る。そこで採用される戦略が多角化戦略である。多角化戦略を採用することに
より，組織で手掛ける製品カテゴリの幅が広がり，製品カテゴリごとの事業部
制の採用へとつながっていく。チャンドラー（Chandler, 1962）がいうように
「構造は戦略に従う」側面があるのである。

　ここで「善悠庵」が多角化戦略を採用した時の組織の姿を想像してみよう。
図 3-4 には，多角化戦略の採用にともない事業部を複数立ち上げた「善悠庵」
の姿が描かれている。各事業部には事業部で取り扱っていく料理のカテゴリに
精通したメンバーが集められ，事業部長による調整のもと仕事を行っていくこ
とになる。組織全体のトップである主人（オーナー）は事業部長に調整の権限
を大幅に委譲し，料理店の日々の運営を委ねることで，新たな多角化の方向性
を模索するなど組織全体の持続的な成長に係る仕事に注力できるようにもな
る。

2. 2　分業のメリット

　職能別あるいは製品別といった形で組織のなかに分業の仕組みが整えられて
いく背景には，アダム・スミス（Smith, 1776）によって最初に発見された分業

のメリットを享受しようとする思惑がある。ここでは分業が組織にもたらすメリットの中身について確認してみよう。

　まず，コスト面でのメリットである。分業によって組織メンバー各自が専門に担当する仕事が決まり，各メンバーがその仕事を繰り返し行っていくなかで，それぞれが担当する仕事を無駄なく素早く行えるようになる。こうした効果は経験効果と呼ばれており，ある研究成果では製品の累積生産量が 2 倍になるごとに 20 ～ 30％のコスト削減効果が確認されている。

　また，コスト面でのメリットだけではなく人材育成面でのメリットも分業には存在する。たとえば，組織メンバー各自が分業を通じてある特定の職能やある特定の製品を専門に担当するようになることで，担当する職能に関係する卓越した技能や担当する製品に関する深い知識を習得しやすくなる。つまり分業という仕組みを採用することで，その道のプロフェッショナルの育成がしやすくなるのである。

　さらに人材育成の観点からすると事業部制組織がもつ人材育成効果も見逃せない。事業部制組織では，組織全体のトップと事業部のトップとの間で分業が行われている。組織全体のトップは組織全体の将来の行く末を左右するような全社的な意思決定を主に担当し，事業部制組織のトップである事業部長は部門内の複数の職能を調整し，部門の成果に結びつけていく仕事を専門に担当するようになる。こうした仕事に果敢に挑戦する事業部長は組織経営のプロフェッショナルとして組織のなかで育っていくことになる。組織内の各事業部は未来の社長候補を育成する場としても機能しているのである。

2. 3　分業を調整する

　前項で検討したように分業は組織にさまざまなメリットをもたらすが，それだけでは組織としての成果にはつながらない。そこで必要とされるのが，分業によって行われた組織メンバー各自の仕事を組織全体の成果としてまとめあげる「調整」の仕組みである。調整の仕組みの具体的な内容は，調整を行うタイミングによって異なってくる（沼上，2004）。

　分業を進める前に行われる調整では，仕事のやり方や仕事の目標をあらかじめ標準化しておくことが主たる調整内容となる。組織内の各仕事の作業手順を事前に標準化し，マニュアル化しておくことで，そのマニュアルに従って進められた組織メンバー各自の仕事の成果の組み合わせがそのまま組織の成果になるよう下準備をしておくのである。

　しかし，仕事を取り巻く状況が刻一刻と変化するような場合，その変化に対応するための詳細な方法を事前にマニュアルに落とし込んでおくことは困難となるだろう。その場合，仕事を通じて成し遂げる目標のみ事前に標準化しておき，その目標にたどり着くための方法については現場の柔軟な判断に任せるやり方がある。

　たとえば，スターバックスや東京ディズニーリゾートには接客の詳細なマニュアルが存在しないといわれている（黒石，2009；櫻井，2017）。自社の製品やサービスを利用した先にあるお客様の心持ちを事前に目標として共有しておき，その目標にたどり着くための接客方法については現場にいる接客スタッフに委ねることで，お客様の状況に合わせた柔軟な対応を可能にしているのである。

　事前に定めていた規則やマニュアル，あるいは，現場の権限だけでは対応できないような問題が生じる場合もあるだろう。そのような場合の事後的な調整方法としては，組織のなかの縦の分業を活用する方法がある。組織のなかで自分よりも上位の立場にある人間の力を活用し，想定外の問題に対処していくのである。これは組織の階層を利用した調整方法といっても良いであろう。

　ここで紹介した組織のなかで展開される仕事の標準化や組織のなかの階層はウェーバー（Weber, 1921-1922）が提示した官僚制組織の特徴にあてはまるものである。ウェーバーは規則化や専門化などの官僚制に関するいくつかの原則によって調整することを提示している（詳細は第8章を参照）。

　規則化や専門化といった複数の手段を駆使し，組織メンバーを合法的に支配することは組織にさまざまなメリットをもたらしてくれる。先述したようなある特定の仕事を専門的に繰り返し行うことによって得られる専門化のメリットばかりでなく，組織内の仕事がスムーズに進み，組織の安定化を図ることも可

能になる。仕事がスムーズに片付けられれば，新たなビジネスアイデアを生み出す余裕が組織のなかに生まれてくる。その意味で官僚制組織は組織の創造性を生み出す基盤としても機能するのである（沼上，2003）。

2. 4　分業のジレンマ

　分業のメリットを享受すべく，組織メンバー各自が専門に担当する職務や製品を定めていくことは，組織メンバー各自の守備範囲を明確にしていく試みであるともいえよう。その意味で分業は，ここまでは自分の仕事，ここを超えたら他人の仕事という形で，組織内の分断を推し進めていく側面があることも否めない。

　組織構造をデザインするということは，組織メンバー各自が担当する仕事や製品を明確にし，仕事の自分事化を促す側面を見出すことができる一方で，自分が担当しない職務や製品については他人の仕事として仕事の他人事化を促していく側面があることに留意が必要である。

　仕事の自分事化が仕事の他人事化を促していくというジレンマ的な側面は，組織メンバーの心のなかに過度な個人主義やなわばり主義とも称されるセクショナリズムの考え方を生じさせる恐れがある。とりわけ，セクショナリズム的な発想が組織内にはびこると，組織全体の利益よりも自らが所属する部署の利益のみを追求し，部門間の連携が滞り，組織がもつ本来のパフォーマンスが発揮できなくなることがある。こうした組織の病理的な現象は専門化を一つの特徴とする官僚制組織の逆機能として指摘されている現象でもある（Merton, 1968）。

　また，分業に伴う組織メンバーの心理的葛藤の問題についても注意を払う必要があるだろう。たとえば，組織内で仕事の分担を決める人物と分担された仕事を任される人物とが同一でない場合，自身が希望していなかった職務の担当を他者に一方的に決められてしまった組織メンバーの心のなかには少なからず葛藤が生じるはずである。

　分業の事前の調整方法として先に指摘した仕事の標準化やマニュアル化を進

める際にも同様の問題は起こりうる。自分以外の誰かが考えた新しい仕事のやり方を組織の標準的な仕事のやり方として押し付けられる組織メンバーとしては，慣れ親しんだ仕事のやり方を捨てることに不安を感じることもあれば，新たな仕事のやり方を覚えなおすことに心理的な負担を感じてしまうこともあるだろう。

こうした他者が主導する仕事の自分事化の逆機能の問題についても注意を払っておく必要がある。

2. 5　組織構造の自分事化に向けた調整

分業に伴う過度な仕事の自分事化は，組織で働く人々の心のなかにセクショナリズムをはびこらせ組織内の良好なコミュニケーションを滞らせてしまう可能性がある。また，分業の決定権をもつ他者の手による仕事の自分事化は組織メンバーの心理的葛藤につながる可能性がある。こうした分業に伴うジレンマ的な状況や仕事の自分事化の逆機能をどのように調整していけば良いのだろうか。

2. 5. 1　自分事化に向けた事前の調整

そもそも従来の組織構造の議論は組織メンバーを所与のものと見なしていたふしがある。そこに存在する組織メンバーを既存の組織構造にいかに効果的に組み込むかに関する議論が中心であり，組織メンバー各自の主体性や私生活を含めた個々のメンバーが置かれている状況の違いなどについては十分に考慮されてこなかったように思われる。

組織メンバーがもつ主体性や組織メンバー各自をとりまく状況の多様性を考慮した組織構造づくりは組織構造の自分事化を促すことにつながっていくことが期待される。組織メンバーを所与のものとしない組織構造の自分事化に向けた調整の在り方を探るべく，潜在的な組織メンバーと組織構造とのつながりが生まれるところから議論を始めてみよう。

(1)　ジョブ型雇用

自分事化に向けた事前の調整の在り方の一つはジョブ型雇用の導入である。

図3-5　バリューチェーン

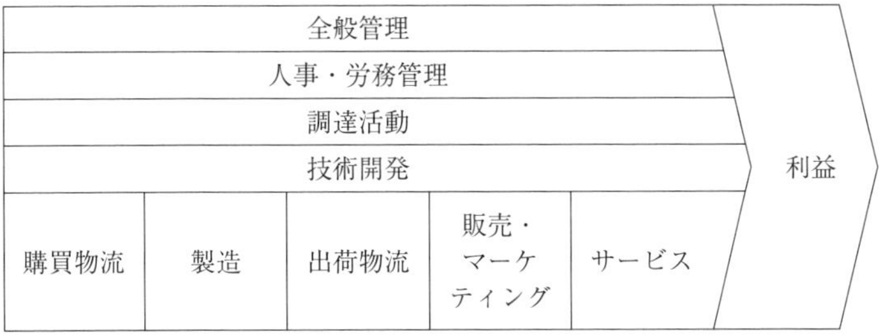

全般管理					利益
人事・労務管理					
調達活動					
技術開発					
購買物流	製造	出荷物流	販売・マーケティング	サービス	

出所）Porter（1985）をもとに筆者作成

ジョブ型雇用では人材を採用する際にあらかじめ職務や勤務地，勤務時間など
を限定するような形で人材募集を行っていく。採用される側としては自身がも
つ能力や自身が置かれている状況をふまえたうえでジョブ型の求人募集に応募
していくことが可能になる。組織メンバーが正式に組織に所属する前の段階で
主体的な選択を行っているという意味で，組織構造の自分事化を事前に調整す
る仕組みの一つといえるだろう。

(2)　新入社員研修

　ジョブ型雇用は明確に自分の担当が定められているという意味でセクショナ
リズムの問題と表裏一体である。そこで，採用決定後の新入社員研修のプログ
ラムを通じて，組織内の職務間の関係性について事前に理解を深めてもらい，
自らが担当する職務の組織内での位置づけを俯瞰的に捉えられるようにしてお
くことも必要であろう。

　ポーター（Porter, 1985）がバリューチェーン（価値連鎖）として示しているよ
うに，組織内の各職務は独立した存在ではなく，他の職務と連動しながら，組
織としての成果につながっていく（図3-5）。このバリューチェーンの枠組みを
参考にしながら，自分たちの組織のバリューチェーンはどのような職務のつな
がりで構築されているか，自分が担当する職務は他のどのような職務とどのよ
うに結びついているのか，といった問題について研修内で事前に検討し，組織
の全体感をつかんでもらったうえで，自身の職務に臨んでもらうのである。

　こうした試みは組織構造の過度な自分事化を防ぐ事前の調整に該当するもの

だろう。

2.5.2 自分事化に向けた事後の調整

　日本企業の多くは組織メンバーの雇用形態としてメンバーシップ型を依然として採用している。メンバーシップ型の雇用形態では職務内容や勤務地，勤務時間など勤務条件を定める権限をもつのは組織の側となり，組織メンバーからすれば自分以外の誰かによって仕事の自分事化が進められていくことになる。それにともない組織メンバーの心理的葛藤が生じる場合もあるだろう。組織の都合によって自らの希望とは異なる職務を担当することになった組織メンバーの心中は穏やかなものではないはずである。そこで，組織の側で定めた仕事に取り組む組織メンバーの心理的葛藤を事後的に調整し，組織構造の自分事化を促していくことが重要になってくる。

(1) 職務拡大

　組織構造の自分事化の手助けとなる事後的な調整としては職務拡大 (job enlargement) と呼ばれる手法がある。職務拡大とは組織メンバーが担当する職務の種類を拡大することである。組織メンバーに割り当てられた職務が1つしかない場合，その1つの職務を組織メンバーは毎日毎日繰り返し行っていくことになる。その結果，組織メンバーの職場での生活が単調なものとなってしまい，モチベーションが低下してしまうこともあるだろう。そこで，担当する職務を1つだけでなく2つ，3つと増やしていき，仕事の切り替えを通じて職場での生活のリズムに変化をもたらしていくのである。

(2) 職務充実

　組織メンバーに対して担当する職務そのものの中身を自らの裁量で調整できるようにする職務充実 (job enrichment) も事後的な調整手段の一つとして指摘できよう。たとえば，組織のなかで上位のポジションにいる人間がこれまで決めてきた職務の進め方について，職務担当者自身が考え，考えた結果を自ら実行に移せる権限を与えていくのである。職務充実は，組織メンバーの自律性や主体性を重視する試みであるともいえる。その意味で，他人による仕事の自分事化ではなく，組織メンバー自らの手による仕事の自分事化を促していく試み

図 3-6　マトリックス組織

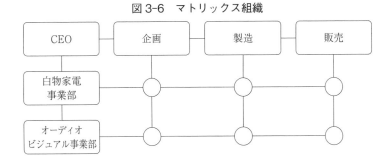

であるといえよう。

(3)　**部門横断型組織構造の採用**

　部門の壁を超えて組織横断的なコミュニケーションを促していく部門横断型の仕組みを導入することも事後的な調整の在り方として指摘できよう。たとえばそれには，職能別組織のなかで部門横断型のプロジェクトチームを立ち上げるやり方や，事業部制組織を図3-6のようなマトリックス組織に変化させていくやり方がある。

　マトリックス組織では組織目的の達成に必要な職能の軸と組織が生み出す成果の属性に係る軸が格子状に組み合わさっている。2つの軸が交差する部分にチームが立ち上がり，職能別のリーダーと成果の属性に係るリーダーの指示のもと，仕事が進められていく。「ツーボス・システム」としての性格をもつマトリックス組織は，各リーダーの専門性を活かせるメリットがある反面，チーム・メンバーにとっては2人のリーダーが存在することから，指揮命令系統が錯綜するなど，組織内のコミュニケーションが複雑化するリスクと隣り合わせであることには留意が必要であろう。

2. 6　組織構造の真の自分事化に向けて

　これまで検討してきた組織構造の自分事化に向けた調整の諸議論にも問題はある。調整の仕組みを構築する主体は組織をデザインする側であることは変わらず，組織メンバーは他者が構築した仕組みのなかで仕事を割り当てられ，事

前にないしは事後的に調整される対象に留まってしまっている。その意味で，組織構造の真の自分事化が実現されているわけではないように思われる。本章の最後に，既存の議論の限界を乗り越え，組織構造の真の自分事化の手助けとなりうるような視点について取り上げてみたい。

　それは，組織市民行動（Organizational Citizenship Behavior: OCB）と呼ばれる考え方である。オーガンら（Organ, Podsakoff & MacKenzie, 2006）によれば組織市民行動は，

　「自由裁量的で，公式的な報酬体系では直接的ないし明示的には認識されないものであるが，それが集積することで組織の効率的および有効的機能を促進する個人的行動」（Organ, Podsakoff & MacKenzie, 2006, p.4）と定義されている。

　つまり，組織メンバーの自主的な行動であり，その行動は公式に定められた職務の範囲には含まれず，その行動に対して報酬が支払われるわけではないけれども，その行動を組織メンバーが組織内で積み重ねていくことによって組織全体を良い方向に向かわせていく行動，それが組織市民行動なのである。組織市民行動の構成要素としては次の7つが示されている。

① 援助：同僚や上司，顧客など特定の個人を助ける

② 従順性：所属するチームや部門，組織に対して貢献する

③ スポーツマンシップ：組織やリーダーに対して敢えて不満を表明しない

④ 市民道徳：組織の政治過程ないしは統治過程に対して建設的に参画する姿勢

⑤ 忠誠心：組織に感じている誇りを自分以外の他者に伝える

⑥ 自己開発：職務に関連する知識や技能を自主的に磨いていこうとする

⑦ 組織保護：組織の資源や評判に害を与える状況に率先して注意を払い，それを正す

　これらの要素から成る組織市民行動は，既存の組織構造の枠組みを自ら乗り越え，自身に割り当てられた職務のみならず他者に割り当てられた職務も自分事化していく姿を見出すことができる。

　その姿こそが組織構造の真の自分事化であるとするならば，組織市民行動を

引き出す仕組みや方法について検討していくことが必要になるだろう。組織メンバーによる組織市民行動を引き出していくうえでは，組織のリーダーの行動が重要であるという指摘もある。リーダー自らが率先して既存の組織構造の枠組みを乗り越え，周囲の人たちを支援する行動を積み重ねることが，組織メンバーによる組織市民行動を引き出し，組織構造の真の自分事化を促していくのである。

本章を読んで今すぐ実践できることを考える

- 組織のなかであなたが任されている役割について，より良いやり方を考え，書き出してみましょう。
- あなたが所属している組織のなかであなたとは別の仕事を担当している仲間に対し，あなたはどのような助言や支援ができるか書き出してみましょう。

参考文献

Chandler, A. D. (1962) *Strategy and Structure,* MIT Press.（有賀裕子訳『組織は戦略に従う』ダイヤモンド社，2004 年）

黒石和宏（2009）『人が輝くサービス—スターバックスと僕の成長物語』ディスカヴァー・トゥエンティワン

Merton, R. K. (1968) *Social Theory and Social Structure,* Free Press.（森東吾・森好夫・金沢実・中島竜太郎訳『社会理論と社会構造』みすず書房，1961 年）

沼上幹（2003）『組織戦略の考え方』筑摩書房

沼上幹（2004）『組織デザイン』日本経済新聞出版社

Organ, D., Podsakoff, P. M., & MacKenzie, S. B. (2006) *Organizational Citizenship Behavior,* Sage Publications.（上田泰訳『組織市民行動』白桃書房，2007 年）

Porter, M. E. (1985) *Competitive Advantage,* Free Press.（土岐坤・中辻萬治・小野寺武夫訳『競争優位の戦略』ダイヤモンド社，1985 年）

櫻井恵里子（2017）『3 日で変わるディズニー流の育て方』サンクチュアリ出版

Smith, A. (1776) *An Inquiry into the Nature and Causes of the Wealth of Nations,* W. Strahan and T. Cadell.（高哲男訳『国富論（上・下）』講談社，2020 年）

Weber, M. (1921-22) *Wirtschaft und Gesellschaft,* J.C.B. Mohr.（世良晃志郎訳『支配の社会学 I』創文社，1960 年）

もっと学びたくなった人のために推薦する本

沼上幹（2004）『組織デザイン』日本経済新聞出版社

推薦理由：組織設計の基本となる分業と調整の原理原則が網羅的に紹介されている。組織作りに挑戦する人に一度は手に取ってもらいたい一冊。

桑田耕太郎・田尾雅夫（2010）『組織論（補訂版)』有斐閣
推薦理由：組織とそれを取り巻く環境との関係性を軸としながら展開されていく組
織の行動・メカニズムを理解することができる。営利企業のみならず医療組織や福
祉組織といった非営利組織の行動の理解にも組織論の知見が有効であることを知れ
る一冊。

※本章のケースは，料理店を舞台とする名作漫画・名作ドラマ（『味いちもんめ』
　『王様のレストラン』など）のエピソードをモチーフに，現代の料理店を取り巻
　く状況を織り交ぜながら執筆したものである。

第 4 章

良きリーダー＆フォロワーを目指す

事前学習のために問いを立てる

- あなたがこれまで出会ってきたリーダーたちの特徴や行動にはどのような共通点・相違点がありましたか。
- あなたが考える良きリーダー，良きフォロワーとはどのようなものですか。

⚲ キーワード

リーダーシップ，特性論，行動論，交換理論，フォロワーシップ

1. ストーリー「新入社員にとってのリーダーシップ」を読む

　新入社員 3 人のオンライン飲み会がスタートした。配属された部署がそれぞれ違う 3 人だ。ゆっくり話すのは入社式以来。お酒もすすみ，職場の先輩や上司についての話が始まった。

A さん「2 人の上司ってどんな感じの人？」

B さん「うちの上司ってちょっと気軽に相談しにくい感じの人なんだよね」

C さん「いつも忙しそうにしているの？」

B さん「なかなかデスクにいなくて声をかけるタイミングがつかみづらいっていうのもあるんだけどさ，デスクにいたとしても俺に話しかけるなオーラ全開な感じで座っていて（笑）」

A さん「C さんの上司はどう？」

C さん「うちの上司はいつも叱ってばかりいるんだよね。誰かのことを褒めている姿，今まで一度もみたことない」

B さん「ダメ出しばっかりなの？」

C さん「ダメダメしかいわなくてさ。『こうすると良くなるよ』とか具体的なアドバイスもあわせてしてくれたら，ちょっとはありがたいんだけどね」

B さん「A さんの上司はどう？」

A さん「うちの上司はね人によって態度が違うのよ。お気に入りの子には優しくて，そうじゃない子にはそっけない感じで」

B さん・C さん「そんなのえこひいきじゃん！」

　リクルートマネジメントソリューションズが毎年行っている新入社員の意識調査によれば，「新入社員が上司に期待すること」として次のような結果が得られている（表4-1）。

　オンライン飲み会の話のネタはいつのまにか自分たちの上司のことから自分たち自身のことになっていた。

表4-1　新入社員が上司に期待すること（単位：%）

選択肢（選択率順）	2020	2019	2018	5年間の比較	10年間の比較
相手の意見や考え方に耳を傾けること	53.7	49.2	47.4	5.6 ↑	9.7 ↑
一人ひとりに対して丁寧に指導すること	46.9	44.8	41.7	10.8 ↑	14.9 ↑
好き嫌いで判断をしないこと	37.7	34.5	32.5	8.7 ↑	3.7 ↑
良いこと・良い仕事を褒めること	34.0	26.5	24.1	13.9 ↑	13.0 ↑
職場の人間関係に気を配ること	29.7	27.8	26.3	4.0 ↑	5.7 ↑
仕事に情熱をもって取り組むこと	25.1	29.1	26.9	-4.9 ↓	-6.9 ↓
いうべきことはいい，厳しく指導すること	18.3	24.4	28.6	-17.5 ↓	-18.7 ↓
周囲を引っ張るリーダーシップ	13.7	16.7	19.8	-9.1 ↓	-16.3 ↓
仕事がバリバリできること	10.0	11.8	14.3	-3.0 ↓	-1.0 ↓
ルール・マナーを守り，清廉潔白であること	7.1	9.3	9.5	-3.8 ↓	-1.9 ↓
部下に仕事を任せること	3.4	5.8	5.4	-2.6 ↓	-2.6 ↓
その他	0.6	0.6	0.8	0.2 ↑	-1.4 ↓

出所）リクルートマネジメントソリューションズ（2020）をもとに筆者作成

Cさん「配属先に分かれてだいぶ時間経つけど，みんなうまくやれている？」

Aさん「私は最近社外の人とのやり取りが増えてきたんだけど，初対面の人となかなか思うようにコミュニケーションがとれなくて。コミュ力をしっかり身につけないといけないなって思っているところだよ」

Bさん「それまずは上司に身につけてもらいたいね」

Aさん・Cさん「たしかに（笑）」

Cさん「Bさんはどう？」

Bさん「うちの部署は新入社員でも毎月新しい企画を一つ考えて，先輩たちの前でプレゼンしなきゃいけないんだけど，企画の内容をうまく伝えられないことが多くてね。今はプレゼンスキルを高めたいって思っているよ」

Aさん「Cさんは？」

Cさん「本格的に仕事が始まってから自分の知識不足を痛感していてさ。研修の時に配られたマニュアルをあらためて読み返しているところだよ」

Bさん「ところで，みんなは『リーダーシップ』って身につけたい？」

表 4-2 新入社員が身につけたい・伸ばしたいと思っている力（単位：%）

選択肢（選択率順）	2019	2018	2017	5年間の比較	10年間の比較
コミュニケーション力	59.7	60.2	62.7	2.2 ↑	-3.3 ↓
専門知識	35.6	32.6	32.2	0.1 ↑	-0.4 ↓
プレゼンテーション力	30.3	27.5	25.0	5.1 ↑	4.3 ↑
論理的思考力	28.1	24.4	25.0	3.9 ↑	6.1 ↑
マナー	22.1	22.7	27.5	-5.9 ↓	-5.9 ↓
チームワーク	19.9	19.8	22.1	0.0 →	-0.1 ↓
交渉力	19.9	21.8	21.5	-3.2 ↓	-3.1 ↓
語学力	19.4	19.3	17.2	-0.8 ↓	1.4 ↑
PCスキル	15.4	15.3	10.7	2.9 ↑	3.4 ↑
文章力	14.3	14.1	15.6	0.3 ↑	1.3 ↑
リーダーシップ	13.2	16.7	14.8	-2.2 ↓	-1.8 ↓
資格	8.1	7.9	9.0	0.5 ↑	-3.9 ↓
その他（具体的に）	1.5	1.0	0.6	1.3 ↑	1.5 ↑

出所）リクルートマネジメントソリューションズ（2019）をもとに筆者作成

Aさん・Cさん「それはまだいいかな（笑）」

　ここであらためて前出のリクルートマネジメントソリューションズによる新入社員の意識調査の結果を見てみよう。新入社員の皆さんがこれから身につけたい・伸ばしたいと思っている力について尋ねたところ，上記のような結果が返ってきた（表4-2）。

　このオンライン飲み会から数年後，再び3人で集まることになった。今回は対面での飲み会だ。会社からほど近い居酒屋に集まり，それぞれの近況を報告しあっていくなかで，共通の悩みが浮かび上がってきた。
　それぞれ先輩の立場となり，後輩をどのように導いていったら良いか悩んでいたのだ。酔った勢いで3人が口をそろえて叫んだ。
　「リーダーシップって一体何なの！」

- 新入社員が上司に期待することで「周囲を引っ張るリーダーシップ」はなぜ上位に入ってこないのでしょうか。
- 新入社員が身につけたい・伸ばしたい力で「リーダーシップ」はなぜ上位に入ってこないのでしょうか。

2. 背後にあるロジックを知る

2. 1　リーダーシップは他人事か？

　春はフレッシュパーソンを目にする機会が多くなる季節だ。学校では新入生や新入部員，企業は新入社員など組織によって呼び方は違えども，組織の新たな一員として活動を始めたばかりの人たちの姿をあちこちで確認することができる。

　それまで経験したことのない部活動に加入したばかりの人たちは，最初はなかなか思うようなプレイができずに悔しい思いをすることもあるだろう。未経験の接客の仕事を始めたばかりの人などは，不慣れな接客でお客様を怒らせてしまうことがあるかもしれない。

　そんな苦い思いや苦い体験をしながらも，先輩からアドバイスをもらったり，先輩がお手本を見せてくれたり，先輩から褒められたり，あるいは，叱られたりするうちに，仕事ができない状態からだんだんと仕事ができる状態へと自分自身が変化していった経験をもつ人も多くいるだろう。

　自分以外の誰かからの働きかけによって，誰の役にも立てなかった自分が自分以外の誰かの役に立てる自分に変化していくのと同時に，仕事を教わる立場から仕事を教える立場へと組織のなかでの自分の立ち位置が変化していった人もいるはずだ。

　自分よりも後に組織に入ってきたメンバーにアドバイスをしたり，仕事の手本を見せたり，時に褒めたり，時に叱ったりしながら，最初のうちはみんなの足を引っ張ってばかりいた後輩をみんなの役に立てる人間へと変化させていく。そんな経験をもつ人も少なからずいるに違いない。

　こうした他者からの働きかけを受けて自分自身が変化していった経験，あるいは，自らの働きかけによって自分以外の他者が変化していった経験の背後に存在するのが「リーダーシップ」にほかならない。ある人が別の誰かに影響を与え，その影響を受けた人の意識や行動が変化しているとき，そこにはリーダーシップと呼ばれる現象が生じている。ここで別の誰かに影響を与えているのがリーダーと呼ばれる人だ。リーダーから影響を受けた人はフォロワーと呼ばれている。

　リーダーシップはあなたの身近なところで発生してきた（今も発生している）現象であると同時に，あなた自身がこれまでにも巻き起こしてきた（今も巻き起こしている）現象でもある。その意味で，リーダーシップは決してわれわれにとって縁遠いものではない。ましてや他人事でもない。リーダーシップはまさに自分事なのだ。

2. 2　リーダーシップの自分事化を促す見方と妨げる見方

　リーダーシップを捉える見方にはさまざまなものがある。そのなかには，リーダーシップを自分事として捉えやすくする見方もあれば，その逆に，リーダーシップを縁遠いものと感じさせ，リーダーシップの自分事化を妨げるような見方もある。

　リーダーシップは自分事であるのにもかかわらず，リーダーシップを自ら遠ざけ，他人事としてしまう人が多くいるのはなぜなのだろうか。おそらく，リーダーシップを自分と縁遠いものと感じてしまっている人やリーダーシップを他人事と感じてしまっている人は，リーダーシップの自分事化を妨げる見方のみに囚われてしまっている可能性がある。

　以下，リーダーシップに関するさまざまな見方をリーダーシップの自分事化という観点から検討してみよう。

2. 2. 1　リーダーシップの特性論

　リーダーシップの特性論は，その人が生まれながらにもっている個性や性格をリーダーシップの源としている。

極端な例を出せば，声が大きく，身長が高く，自信に満ち溢れている，といったリーダーらしい特性を先天的にもった人が優れたリーダーシップを発揮できるとする見方だ。この見方によれば，リーダーの特性をもたずに生まれてきた人はリーダーシップを発揮できないということになる。

リーダーシップの源泉を個人の特性に求める特性論に囚われてしまっていては，リーダーシップの自分事化は困難なものとなる。自分にはリーダーの特性が備わっていないと思ってしまった時点で，自分はリーダーシップを発揮することができないという結論にたどり着いてしまうからだ。

リーダーシップの特性論は，リーダーシップの自分事化を妨げる見方の代表格といってもよいだろう。

2.2.2　リーダーシップの行動論

リーダーシップの源をリーダーがもつ特性ではなく，リーダーの行動に求める考え方も存在する。リーダーシップの行動論と呼ばれるものだ。リーダーシップの行動論によれば，リーダーシップの発揮につながるリーダーの行動には2つのタイプがある (Shartle, 1956)。

1つ目のタイプは「構造づくり」だ。このタイプの行動には，組織内で遵守しなければならないルールの制定や組織メンバー各自の果たすべき役割を定めるといった行動が該当する。組織内のルールや役割分担が明確に定められぬまま，組織メンバーがそれぞれ好き勝手に動いてばかりいては，組織の一体感が醸成されず，組織として成果を出すことが難しくなってしまう。そこで，ルールの制定や役割分担を明確にすることによって組織の構造を安定化させ，成果を出せる方向に組織全体を導いていく必要が生まれてくる。

しかし，構造づくりの行動に基づくリーダーシップばかりだと，組織のなかの人々をリーダーシップという現象から遠ざけてしまう恐れがある。「ルールを守れ！」「ルールが絶対だ！」といったことを常に口走っている頭の固いリーダーや，「あれやれ」「これやれ」と部下に命令ばかりしているリーダーを想像してもらえれば良い。ルールや役割に部下を縛り付けてばかりいるリーダーにあこがれる人や好感をもつ人はそう多くないだろう。むしろリーダーに対し

嫌悪感を抱き，距離を置く人の方が多いかもしれない。構造づくりばかりして
いるリーダーの下だと，あるいは，部下がリーダーの構造づくりの行動ばかり
に注目していると，リーダーシップの自分事化が妨げられるのである。

　一方，リーダーシップの行動のタイプの２つ目として指摘されているのが
「配慮」だ。このタイプのリーダーの行動では部下との人間関係づくりに重点
が置かれており，部下に配慮することでリーダーシップを発揮しようとする。
部下に対して細やかな「配慮」をしてくれるリーダーは，部下の立場にある人
にとって決して縁遠いものではなく，親しみやすいリーダーといえるだろう。
そのようなリーダーにあこがれや尊敬の念をいだき，部下に「配慮」できるリ
ーダーを目指す人も出てくるかもしれない。

　リーダーシップ論の世界では，部下への支援や奉仕を優先し，部下からの信
頼を獲得することで，部下が自らリーダーについていこうと思える状況を作り
出していくリーダーの行動に注目する見方もある。「サーバント・リーダーシ
ップ」と呼ばれるリーダーシップの捉え方だ (Greenleaf, 1977)。

　リーダーによる部下への配慮行動や奉仕行動に注目するリーダーシップの見
方は，リーダーシップの自分事化を支える見方であるように思われる。部下に
とっては，こうした意味でのリーダーシップに関わることが自分自身の成長に
つながると感じられるようになるからだ。

2. 2. 3　リーダーシップの交換理論

　リーダーと組織メンバーとのやり取り (Leader-Member-Exchange: LMX) に注
目する見方もある (Schriesheim, Castro & Cogliser, 1999)。リーダーシップの交換
理論がそうだ。リーダーシップの交換理論は，リーダーとメンバーの物理的な
やり取りに注目するのではなく，心理的なやり取りに焦点をあて，そこをリー
ダーシップの源と考えていく。

　交換理論によると，リーダーとメンバーの間の心理的なやり取りの具体的な
中身は次のようなものになる。

　リーダーは部下に仕事を任せたり，仕事を実行に移していく際に必要な権限
を与えていく。それとあわせて，与えた権限を駆使して仕事に取り組み高い成

果を出してほしいという心理的な期待も部下に対して寄せている。そして，自身の期待を上回るような成果を出した部下に対しては高い報酬や高い評価を与えていく。

　部下は部下で，「自分に仕事を任せてくれるかな」「自分の頑張りをしっかりと評価してくれるかな」といったリーダーに対する期待をもっている。こうした自身の期待に応えて仕事を任せてくれたリーダーや自分の仕事の成果を期待以上に高く評価してくれたリーダーのことを部下は信頼するようになる。あるいは，このリーダーについていこうという忠誠心が部下の心に芽生えるようになる。

　このようにリーダーと部下が互いにもつ期待を交換し，それぞれがもつ期待に応えあうことを通じて部下はリーダーのフォロワーへと変化していく。組織のメンバーをリーダーのフォロワーへと変化させるためには，部下がもつ期待にしっかりと目を向けて，その期待にしっかりと応えていくというリーダーの行動が重要になってくるだろう。こうしたリーダーの行動スタイルは「トランザクショナル・リーダーシップ」と呼ばれている。

　リーダーシップの交換理論は組織における「えこひいき」の問題とも深く関連している（入山，2019）。たとえば，「あの子たちばかりかわいがって！」というリーダーに対する不満の声が複数のメンバーから寄せられたとしよう。こうした不満の声を寄せてきたメンバーたちの目には，リーダーの姿がある特定のメンバーとだけ心理的な交換を頻繁に行っているように映っている。特定のメンバーの期待にだけ目を向けて，それだけに応えようとするリーダーの行動こそ，いわゆる「えこひいき」にほかならない。

　リーダーシップの交換理論では，「えこひいき」されている人たちをイン・グループ，そうでない人たちをアウト・グループと呼んでいる。イン・グループの人たちにとってリーダーシップは自分事となっているだろう。しかし，アウト・グループの人たちにとっては自分たちとは縁遠いものとしてリーダーシップを捉えている恐れがある。つまり，リーダーが特定のメンバーの期待ばかりに目を向けていると，目を向けてもらっていない人たちのリーダーシップの

自分事化が妨げられることになるのである。

2.3 フォロワーシップの重要性

　前項で検討したリーダーとフォロワーの関係性から生まれてくるのがフォロワーシップと呼ばれる現象だ。リーダーと部下が相互作用していくなかで，部下の心のなかにリーダーを支えようという自発的な意思が生まれてくる，それこそまさにフォロワーシップにほかならない (小野, 2016)。

　フォロワーシップは，部下がリーダーをリーダーとして認知して初めて発現する現象である。では部下はどのようにリーダーをリーダーとして認知し，リーダーを支えようという意思をもつようになるのであろうか。その段階を確認してみよう (Calder, 1977)。

　部下とリーダーがまだ出会っておらず，両者の間に相互作用が生まれていない段階で重要となるのがフォロワーの心のなかにある「リーダーとはこうあるべき」という，フォロワーが暗黙のうちにもつ理想のリーダー像だ。これは「暗黙のリーダーシップ論」とも呼ばれている。

　いよいよ配属先が決まるなどして，部下とリーダーが出会い，両者のやり取りがスタートしていく。この段階になると，部下はリーダーの行動を直接観察できるようになり，リーダーに関する情報を収集できるようになる。

　リーダーの観察を通じて収集できたリーダーに関する情報と部下自身がもつ理想のリーダー像とを照らし合わせ，重なる部分が多ければ，部下はリーダーをリーダーとして認知し，フォロワーシップを発揮するようになる。その逆にリーダーの言動と部下がもつリーダーのイメージが余りにかけ離れてしまっている場合には，部下はリーダーをリーダーとして認知することができず，フォロワーシップは生まれてこない。

　リーダーを自ら観察し，リーダーに関する情報を自ら収集し，集めた情報と自らがもつ理想のリーダー像とを照らし合わせるといった部下の一連の行動から見て取れるのは，リーダーシップという現象に積極的に関与していく主体的な部下の姿である。フォロワーシップと呼ばれる現象が生まれるとき，部下は

リーダーシップという現象に一方的に巻き込まれる受け身の存在ではなくなっている。そこでは，リーダーシップの自分事化が進んでいるといっても過言ではないだろう。

　ケリー（Kelley, 1992）は，リーダーの言動をそのまま鵜呑みにせず，自分なりの考えに基づいて建設的に批判するとともに，リーダーから与えられた仕事に対してもプラスアルファの工夫をするなど自ら主導権を発揮していくフォロワーのことを「模範的フォロワー」と呼んでいる。ボス・マネジメントという考え方が古くから指摘されているが，フォロワーはリーダーの影響を受けるだけの存在ではなく，リーダーをただ支えるだけの存在でもなく，リーダーに対して影響力を発揮し，リーダーを変化させられる存在でもあるのだ。

　時に苦言を呈し，リーダーに刺激を与え，リーダー自身の成長を促してくれるような模範的フォロワーを生み出すために，リーダーは組織のなかでどのように振る舞ったらよいのであろうか。

　ここに新たな構造を生み出せるあるいは既存の構造を変える力をもつリーダーとそうでないリーダーがいたとしよう。部下としてはどちらのリーダーを支えようと思うだろうか。どちらのリーダーの「配慮」や「評価」を部下は本当に嬉しく感じるだろうか。力のないリーダーに認められるよりも，力のあるリーダーに認められた方がフォロワーにとっては嬉しいに違いない。

　フォロワーシップという現象に注目すると，部下に対する「配慮」行動だけでは十分ではなく，「構造づくり」をできる，あるいは「構造をつくりかえられる」力も併せ持つリーダーの方がフォロワーシップという現象を発現させやすいという考え方も成り立つだろう。「配慮」＋「構造づくり」という複数のリーダーシップ・スタイルを組み合わせることが，リーダーシップの自分事化を促していくのである。

2. 4　リーダーシップの自分事化に向けて

2. 4. 1　リーダーシップ・スタイルを組み合わせる

　本章ではこれまでリーダーシップの見方を複数取り上げ，リーダーシップの

自分事化という観点から検討を積み重ねてきた。

　そこから見えてきたことは，リーダーシップの自分事化を促す複数の見方を駆使しながら，複数のリーダーシップ・スタイルを組み合わせて実行に移していくことが，優れたリーダーシップの発揮につながりうるということである。

　たとえば，組織を安定させるべくある程度の枠組み（役割分担やルール）を作ったら，部下に思い切って仕事を任せてみる。仕事を任せっぱなしにするのではなく部下を支援し，部下の成長を促していく。部下たちの心の内側に目を向け，それぞれの部下が何を期待しているのかを理解し，それぞれの期待にしっかりと応えていく。部下の期待に応えるべく組織そのものを作り替えていく。

　こうしたリーダーの動きを一つのリーダーシップの見方で捉えることや一つのリーダーシップ・スタイルとして捉えることは困難である。状況に応じて柔軟にリーダーシップ・スタイルを切り替えていくことが重要なのである。

2. 4. 2　リーダーシップ・スタイルを状況に応じて使い分ける

　そもそも，リーダーを取り巻く状況はリーダーによって異なっている。部下の顔ぶれが違えば，組織として掲げている目標も違う。全く同じ状況というものは存在しないといえるだろう。では，どのような状況にも対応可能な普遍的なリーダーシップ・スタイルがあるかといえば，残念ながらそのようなリーダーシップ・スタイルは現時点では確立されていない。

　そこでリーダーが置かれている状況をいくつかの基準で区分けし，その区分けに対応するリーダーシップ・スタイルを探ろうとする試みが展開された。こうした試みに基づく一連の理論はリーダーシップの状況適合理論と称されている。

　たとえば，リーダーを取り巻く状況として部下の成熟度（自律の度合い）に着目した議論がある。ハーシーとブランチャード（Hersey & Blanchard, 1977）による SL（Situational Leadership）理論である。

　SL 理論は，①高い目標に挑戦し，成し遂げようとする意欲，②責任を負おうとする意志と能力，③教育や経験のレベル，という部下の資質を統合し，それを成熟度として測定し，その度合いによって有効なリーダーシップ・スタ

イルは異なったものになると主張している。

　たとえば，部下の成熟度が低い時は，リーダーは部下の傍にいて仕事のやり方を手取り足取り指導するスタイルを中心に採用し，部下の成熟度が高まってきた時には，部下に少しずつ仕事を任せ，少し離れたところで部下の様子を見守り，必要に応じて仕事のやり方に関するアドバイスを行っていくスタイルに切り替えていく。さらに成熟度が高まれば，リーダーはそれまでまかせなかったような大きな仕事を部下に任せ，部下が仕事に挑戦する意欲を保ち続けられるよう，部下に対して励ましの言葉をかけたり悩みを聞いたりといったスタイルを採用していく。最終的に部下が完全に自律したときには部下に対する接し方を最小限の支援にとどめていく，といった形で部下の成熟度に応じてリーダーシップ・スタイルを切り替えていくのである。

　リーダーが部下の状況を適切にみきわめ，適切なタイミングで部下離れしていくことは，部下自らが主体性を発揮し，自らの手で自らを導いていくセルフ・リーダーシップを育むことにつながっていく。状況に応じたリーダーシップ・スタイルの使い分けは，リーダーシップという現象を部下が自分事化していくことにもつながっていくのである。

　これはわれわれの身近なところで行われている子育てにもあてはまるだろう。自ら考え自ら動く子どもを育てるためには，いつまでも手取り足取りというわけにはいかない。適切なタイミングで子離れをすることが必要になってくる。

　リーダーシップ・スタイルの状況に応じた使い分けは，皆さんが将来リーダーになった時にあるいは親になった時に，部下や子どものリーダーシップの自分事化を促していく手助けとなるだろう。

2. 4. 3　リーダーシップを共有する

　組織を取り巻く状況は刻一刻と変化している。想定外の新たな変化が生じることもあり，変化が生じる前に決められたリーダーでは新たな状況に対応できないこともあるだろう。そこで，組織が置かれている状況の変化にあわせて，その場の状況に最もふさわしい人にリーダーを担当してもらい，リーダーシッ

プを発揮してもらうことが重要になってくる。

そこで必要とされるのが「シェアード・リーダーシップ」というリーダーシップの見方である（Pearce & Conger, 2002）。この見方は，リーダーシップは一人の人が独占して垂直的に発揮するものではなく，複数の人で共有し，水平的かつ相互に発揮しあうものとしてリーダーシップを捉えていく。

組織が直面している問題ごとにリーダーシップの担い手が入れ替わっていく様は，リーダーシップがあたかも浮き輪のようにプカプカと人から人へと流れていく様相を呈することから，「フローティング・リーダーシップ」とも呼ばれている（金井，2005）。

カーソンら（Carson, Tesluk & Marrone, 2007）は，シェアード・リーダーシップが発現するチームの特徴として，共有された目的（shared purpose），メンバー同士が互いに支援しあう関係性（social support），メンバー同士の声がけ（voice）という3つの特徴を指摘している。

これらの特徴を備えたチームを構築するにあたっては，チームの方向性や目的に対する感覚をメンバー同士が明確に共有すること，チームの活動や戦略に積極的に参加し，エネルギーを注いでいく行動規範を確立すること，メンバー同士が互いに励まし合い，メンバー各自の貢献を互いに認めあうような前向きなチーム環境を志向すること，が重要になってくる（Carson, Tesluk & Marrone, 2007, p.1229）。

このカーソンら（2007）の指摘をふまえれば，リーダーシップを相互に発揮し合えるような組織の風土づくりが，リーダーシップの自分事化を促していくともいえるだろう。

2. 4. 4　自分らしくリーダーシップを発揮する

これまでリーダーシップを自分とは縁遠いものと感じてきた人，他人事だと思ってきた人からすれば，リーダーシップなんて共有したくない，自分のところにリーダーシップは流れてきてほしくないと思う人もいるかもしれない。しかし心配はいらない。自分らしくありのままでいればそれで良い（Goffee & Jones, 2015）。自分らしく振る舞うことが本物のリーダーシップの発揮につなが

っていく，そんな見方を可能にするのが，「オーセンティック・リーダーシッ
プ」と呼ばれるリーダーシップの捉え方だ（George, 2003）。

　オーセンティック・リーダーシップを構成する次元には，自らの強みや弱み
など自分自身の多面的な性質の理解に関わる「自己認識（self-awareness）」，偽
りではない本物の自分を他者に開示する「関係における透明性（relational
transparency）」，意思決定をする前に関連する情報を客観的に分析する「バラン
スの取れた情報処理（balanced processing）」，外圧ではなくリーダーの内面に備
わっている倫理観に従って自己統制をはかっていく「内面化された道徳的視点
（internalized moral perspective）」の4つがあるとされている（Walumbwa, et al.,
2008, pp.95-96）。

　自分自身の持ち味を知り，それを発揮する。自らの弱みを組織のメンバーに
さらけ出しても構わない。むしろその方が望ましい。互いに強みを発揮し合い
ながら，互いに弱みを補い合いながら，互いにリードし合いながら，人と組織
が成長していく。

　フォロワーとリーダーの立場を行き交うなかで，自分自身が変化し，自分以
外の他者も変化していく。自分自身も含めた組織メンバーの変化のプロセスに
主体的に関与していくことがリーダーシップの自分事化につながっていく。自
分らしさを大切にしながら，リーダーシップの自分事化に挑戦してみよう。

本章を読んで今すぐ実践できることを考える

- 自分のなかにある暗黙のリーダーシップ論を書き出してみましょう。
- 模範的フォロワーの視点を大切にしながら身近なリーダーの言動に対する建設
  的な批判を書き出してみましょう。

参考文献

Calder, B. J. (1977) An Attribution Theory of Leadership, in Staw, B. M., &
　Salancik, G. R., (eds.), *New Directions in Organization Behavior*, St. Clair Press.
Carson, J. B., Tesluk, P. E., & Marrone, J. A. (2007) Shared Leadership in Teams:
　An Investigation of Antecedent Conditions and Performance, *Academy of
　Management Journal*, 50 (5), pp.1217-1234.

George, W. (2003) *Authentic Leadership: Rediscovering the secrets of creating lasting value*, San Francisco Jossey-Bass.（梅津祐良訳『ミッション・リーダーシップ』生産性出版，2004 年）

Goffee, R., & Jones, G. (2015) *Why Should Anyone Be Led by You?*, Harvard Business Review Press.（アーサー・ディ・リトル・ジャパン訳『なぜ，あなたがリーダーなのか—本物は「自分らしさ」を武器にする』英治出版，2017 年）

Greenleaf, R. K. (1977) *Servant Leadership*, Paulist Press.（金井壽宏監訳，金井真弓訳『サーバントリーダーシップ』英治出版，2008 年）

Hersey, P., & Blanchard, K. H. (1977) *Management of Organizational Behavior, 3rd ed.*, Prentice Hall.（山本成二・水野基・成田攻訳『行動科学の展開』日本生産性本部，1978 年）

入山章栄（2019）『世界標準の経営理論』ダイヤモンド社

金井壽宏（2005）『リーダーシップ入門』日本経済新聞出版社

Kelley, R. (1992) *The Power of Followership*, Doubleday.（牧野昇訳『指導力革命』ダイヤモンド社，1993 年）

Kotter, J. P. (1999) *John P. Kotter on What Leaders Really Do*, Harvard Business Review Press.（DIAMON ハーバード・ビジネス・レビュー編集部・黒田由貴子・有賀裕子訳『リーダーシップ論（第 2 版）』ダイヤモンド社，2012 年）

小野善生（2016）『フォロワーが語るリーダーシップ』有斐閣

Pearce, C. L., & Conger, J. A. (2002) *Shared Leadership*, SAGE Publications.

Schriesheim, C. A., Castro, S. L., & Cogliser, C. C. (1999) Leader-Member Exchange (LMX) Research: A Comprehensive Review of Theory, Measurement, and Data-analytic Practices, *The Leadership Quarterly*, 10 (1), pp.63–113.

Shartle, C. L. (1956) *Executive Performance and Leadership*, Prentice-Hall.

Walumbwa, F. O., Avolio, B. J., Gardner, W. L., Wernsing, T. S., & Peterson, S. J. (2008) Authentic Leadership: Development & validation of a theory-based measure, *Journal of Management*, 34 (1), pp.89–126.

✎ 参考ホームページ

リクルートマネジメントソリューションズ「2020 年　新入社員意識調査」2020 年 https://www.recruit-ms.co.jp/issue/inquiry_report/0000000867/（2021 年 3 月 14 日閲覧）

リクルートマネジメントソリューションズ「2019 年　新入社員意識調査」，2019 年 https://www.recruit-ms.co.jp/issue/inquiry_report/0000000762/（2021 年 3 月 14 日閲覧）

📖 もっと学びたくなった人のために推薦する本

金井壽宏（2005）『リーダーシップ入門』日本経済新聞出版社

推薦理由：リーダーシップは天性のものではなく，誰しもが経験を経て得られるものであるとし，リーダーシップに関する「持論」を一人ひとりがもつことの大切さを説いている。

小野善生（2016）『フォロワーが語るリーダーシップ』有斐閣

推薦理由：リーダーシップは，それを受け入れるフォロワーの意図によって決まるとするフォロワー視点を知ることができる。良きリーダーを目指す人はもちろん，良きフォロワーを目指す人にとっても有益な一冊。

坂田桐子編（2017）『社会心理学におけるリーダーシップ研究のパースペクティブⅡ』ナカニシヤ出版
推薦理由：リーダーシップ研究の近年の動向を網羅的に紹介している良書。

※本章は拙稿「リーダーシップの自分事化に関する一考察」『千葉経済論叢』第 65号，2021 年，pp.35-54 に加筆・修正を施したものである。

第 5 章

チームを創り上げる

● 事前学習のために問いを立てる ●

● あなたが参加した集団やテレビ・映画で印象的だったチームはありますか。
● 集団のなかでメンバーの活動や問題を自分のことのように助けあった経験はありますか。

🔑 キーワード

チームワーク，コミュニケーション，コンフリクト，
チームの効果性，心理的安全，アサーティブネス（主張性）

1. ストーリー「チームの成否を分ける秘密」を読む

　Z社は，組織改革と製品開発競争によって業界2位から1位に躍進した企業である。大規模な組織には優秀な人材が多いが，組織の将来を担う人材候補はなかなかいないものだ。次世代リーダーとチームの育成は，Z社やすべての組織にとって永遠の課題といえるだろう。

　Z社では，チームを活用し，チームとリーダーの育成研修を毎年行っている。研修期間は3か月で，社内で活躍している若手から中堅の社員が集められ，今年の対象者は25名である。組織文化や社風を共有していても，部署ごとに仕事への取り組みや人間関係，雰囲気は違う。以下のストーリーでは，1チーム5名で課題に取り組む5チームのうち，2チームにスポットを当てる。

1.1　研修が始まる

　仕事を終えた参加者が社員食堂に集まった。各チームのメンバーが発表され，チームに分かれて20分の自由時間が与えられた。

部門横断チームのメンバー

　営業部の40代の引田氏を年長者に，経営企画・広報の立直氏，マーケティング（1名），商品開発（1名），生産部（1名）の5名である，面識はほとんどなく，お互いに部署や仕事内容など自己紹介をしつつ，そつない会話で場を形成し，良い雰囲気だ。

営業チームのメンバー

　メンバーは同じ部署の5名である。昨日の出来事や仕事の情報共有を話した後，研修では何をするのだろうと和やかに雑談している。

1.2　1時間30分でディナーを楽しむ

1.2.1　メニューを決める

部門横断チーム

　会場内の食材を見ながら，何を作ろうかとお互いに話している。引田氏は若

手を引っ張ることを意識して，得意料理のチャーハンを少し強引に提案した。メンバーは年長者を尊重してか，初対面だからか若干躊躇し遠慮した様子で提案に従い，メニューが決定した。

営業チーム

　着席したまま何をつくるか話し合い，「少しリッチにイタリアンディナー」で全員一致した。前菜，パスタ，スープ，デザートの係を決めて，ようやく席を立ち，担当者は食材を吟味し始めた。

1. 2. 2　料理をはじめ，食べて片付ける

部門横断チーム：一人で課題をクリアする

　メンバーが食材を切りだすと，引田氏が「私がやりましょう」と料理を始めた。シンプルで作業工程の少ない調理のため，メンバーはほかにやることがない。引田氏が作り方やコツを話し，メンバーは横目で他チームの状況を観察していた。

　引田氏は一番先に料理を仕上げ満足気に，「食べましょう」と立ったままメンバーと食べ，後片付けをして終了した。そのとき，営業チームが食事を始めた。引田氏は，これで良かったのか不安がよぎった。メンバーに「私たちが一番早かった」と笑顔で話したが，チーム内は微妙な空気になる。

営業チーム：分担作業で課題を楽しむ

　各メニューの分担者同士が声を掛け合いながら仕上げている。パスタ担当者が和風パスタとつぶやき，前菜担当者がそれに合わせる。全員が自分のできる作業に参加し，短時間でプチ贅沢なディナーが完成した。

　テーブルを囲み，料理の味や手際について振り返りながら会話を楽しみ，時間内で十分なものができたと全員が感じている様子である。一斉に後片付けを始め，終了は時間ギリギリになっていた。

1. 3　研修課題「会社の課題を解決する」

　会社が抱える課題とその解決方法について，研修最終日にプレゼンテーションを行う。

1. 3. 1　課題のテーマを探す

部門横断チーム：リーダーシップが変化する

　各メンバーは所属部署の課題を考えている。ディナー作りとは違い，立直氏が他のメンバーに話を振り始める。引田氏は話す機会がなく，口数が少ない。課題は決まらなかった。次回までに，職務にこだわらず全社的な問題点を探すことになった。

営業チーム：いつもどおり自由に発言する

　この営業チームは社内で最も高業績のチームである。ディナー作りと同様に全員が意見を出している。同じ部署のメンバーであるため，課題は業務に絞られている。案は出るが決めきれず，次の研修まで各々で再度検討することとなった。

1. 3. 2　テーマを決定する

　1週間後，第2回の研修が行われた。ミッションは，本日中にテーマを決定し，先に進めることである。

部門横断チーム：全員の考えを引き出す

　立直氏が，「チームの目標を決めてから，案を出そう」と提案した。会社全体に関わる問題で，メンバーの多様性を活かした課題解決策を提案する，そして1位を目指す。環境問題への意識が高まるなかで，テーマはメーカーであるＺ社も直面する「廃棄物削減」で業界一を目指す，に決まった。

営業チーム：エースが主導する

　前回の研修後，業務の合間でもテーマが話題になっていた。情報共有・交換，相互支援などの仕組み，徹底的な業務の効率化などの案が出るが決まらない。見かねた部署のエース押強氏が，「決まらないなら，部署の効率化を徹底する」，決まったようだ。

1. 3. 3　解決策を考える

部門横断チーム

　引田氏は売れ残り商品の削減について，立直氏からは，Ｚ社の削減の取り組みは社会への発信力が十分でない，他のメンバーからは賞味・消費期限の視点

をもった研究，営業部との連携による生産管理システムの再構築など，メンバーが意見を出し，情報共有している。今後はオンライン会議で進めることになった。週に一度，業務終了後に 1 ～ 2 時間，2 か月ほど会議を行い，プレゼンテーションの資料にまとめた。

営業チーム

　メンバーは納得したわけではないが，指示に従うしかない。これ以降，押強氏がチームの司令塔となって，役割分担の決定，進捗状況の管理，次の指示を行っている。これが 2 か月間続き，研修の課題は業務の一環になっている。メンバーの報告をまとめて資料を作成したのは，もちろん押強氏である。

1. 4　研修で学ぶ

　部門横断チームの発表者は，顧客への提案や会社の上層部，社会への発信に長けていそうな引田氏と立直氏の 2 人が適任となり，営業チームは顧客へのプレゼン力も高い押強氏である。結果は，部門横断チームが得票数が最も多く，ついで営業チームであった。

　研修の目的は，次世代リーダーとチームの育成である。今回の研修のねらいは 2 つである。参加者は研修課題の本質を的確に捉え，社会のなかで会社やその将来を捉えたテーマが設定できているか。もう一つは，テーマ決定の合意プロセスや発表までのチームワークから，メンバーが気づきや学びを得ているかである。

　部門横断チームは，メンバー全員がチーム経験から学びを得て，達成感と充実感で研修を終えた。営業チームは押強氏だけが満足で，他のメンバーはチームと押強氏に不満と違和感を抱き，そして徒労感だけが残った。

ストーリーに潜む教訓を考える

- チームは同じメンバーでもうまくいくとき，いかないときがある。それはなぜなのでしょうか。
- 各メンバーの力をチームの力に変えるには何が必要なのでしょうか。

● なぜ，集団のなかで自分の意見を発言するのは難しいのでしょうか。

2. 背後にあるロジックを知る

　チームの起源は，製造現場で従業員が「自主的に」取り組んだ品質改善活動，QC サークルである。自分事からスタートしたチームは，いまでは特定の目的を達成するために組織が意図的に形成し活用するようになっている。他人事化しつつあるチームでは，メンバー間の態度，姿勢，活動に温度差が生じやすく，チーム内のタスクや人間関係を調整するマネジメントが必要になる。ストーリーには，状況によってチームが円滑に活動できるときとできないとき，メンバーがリーダーシップを共有するときと専制的なリーダーがチームを先導するときが描かれている。2チームの評価は僅差であったが，メンバーの態度，姿勢，活動やチームへの感情に大きな違いが生まれた。

　集団やチームの活動は得意な人もいれば，苦手な人もいる。そうはいっても，現代の組織ではチームで働く能力が職務遂行能力の一つになっている。得意になる必要はないが，チームに関わる知識や技術をスキルとして身につけることで，私たちは，組織やチームでの活動を他人事から自分事に近づけることができるだろう。

2. 1　チームを理解する

　私たちは，日常でグループとチームの違いをそれほど意識していないが，集団活動が難しいという経験は一度くらいあるだろう。チームとグループは類似しているようで明確な違いがあり，チームはグループの活動より難しい。また，チームワークという言葉もある。まずはこれらの違いを理解する。

2. 1. 1　チームとグループは違う

　人が集まる集団を表す名称で，代表的なのがグループとチームである。共通するのは目的がある点，違いは目的の明確さである。チームは目的によって形や特性などが異なり一つとして同じものはない。以下のサラスら（Salas,

Converse & Tannenbaum, 1992) の定義は最も用いられ，チームの概念を捉えるうえで参考になるだろう。

　「価値ある共通の目標・目的・任務のために，ダイナミックかつ相互依存的で，適応的な相互作用を交わす二人以上の人々からなる識別可能な集合である。また，各メンバーは，課題遂行のための役割や機能を割り当てられ，メンバーとして所属する集団には一定の期限がある」

　さらに，チームは，協働によるプラスのシナジー効果によって，業績や品質の飛躍的な改善と新たな創造性をもたらすことが期待されている。目標達成という成果だけでなく，副産物をも生み出すことが期待される人々の集団がチームである。

2. 1. 2　チームワークが成否を決める

　チームの効果はチームワークで決まる。チームワークには定まった考え方はないが，「成果を達成するために相互に作用したり，協働する活動状態」(Baker et al., 2005)，「情報共有や活動の相互調整のための対人行動」(Dickinson & McIntyre, 1997)，山口 (2008) は協働作業におけるメンバー間の対人的相互作用であるとしている。ここでは，目標達成のために，① メンバーがもっている知識・スキル，情報を共有し，各自のパフォーマンスを相互に結びつける活動であり，② コミュニケーションを用いてメンバーで相互作用や調整をしながら，チームに必要な意思決定や問題を解決する活動（草野，2018）と定義する。

　チームワークは，チームワークの知識，スキル，態度（KSAs）で構成されるチームワーク・コンピテンシーに影響される。たとえば，知識コンピテンシー（表5-1）は，メンバーが役割や責任を認識してコミュニケーションを高めるとされ，比較的短期間のチーム訓練で改善することが明らかになっている。また，チーム設計ではKSAsをもつメンバーを集めると，チーム形成が円滑に実行できる。そのため，欧米の産業界では教育訓練にチーム訓練を導入する組織が多い (Kozlowski & Ilgen, 2006)。

　名ばかりのチーム，チームのつもりが結束のないグループ，高業績を達成するチームとそうでないチームなど，チームにはさまざまな問題や課題がある

表5-1　チームワーク・コンピテンシー

知識コンピテンシー	
コンピテンシー	定　義
Cue／strategy associations	環境の cue を，適切なコーディネーション戦略と結びつける
タスクの共有モデル／状況の評価	タスクの要求に応じるため，状況と適切な戦略に関して共通の理解を有する
チームメイトの特性精通（familiarity）	個々のチームメイトがもつ，タスクに関連したコンピテンシー，選好，傾向，強み，弱みを認識する
チームのミッション，目的，規範や資源に関する知識	目的を達成するために必要かつ有用な人的・物的資源だけでなく，チームの特定のゴールや目的（objective）に関する理解を共有する。変化が起こると，あらたなタスク要求にあわせて，メンバーの知識を変えねばならない。
タスク特定的な責任	チーム・メンバー個々の強みやタスク要求に応じて，労働を分配する

出所）Cannon-Bowers et al.（1995）より引用し抜粋

（Katzenbach & Smith, 1993）。チームを有効に機能させるには，組織がチームを意図的に設計し適切に導入したあとに，チームワークに介入して機能させるチーム・マネジメントが必要になるのである。

2. 2　チームをマネジメントする

　チーム・マネジメントは，目標達成に向けてチームを統率し，メンバーの自律的な相互作用を促進して，効率的かつ効果的なチームワークの育成によってチームを育てる取り組みである（山口，2008）。その取り組みには3つのステップがある。

　第1ステップは，チームを設計することである。チームの目標とその達成に向けた工程やルールを明確にし，人材確保と適材適所の配置によってチームワークの基盤を綿密に設計する。第2ステップは，チーム・プロセスへの働きかけである。いつ，誰が，誰に，何を，どのように伝達するのか，コミュニケーション構造とプロセスに意図的に介入して，チームワークを効果的に機能させる。第3ステップは，アウトプットのフィードバックを行う。チームおよびチームワークの改善と個人のチームワーク・スキルの改善を伝え，チームと個人の成長につなげ，個人のモチベーションを高めて，チームを活性化させるため

である。

　ストーリーの2チームを振り返ると，ディナー作りでは，部門横断チームは第1ステップからつまずき，営業チームはチームワークが効果的に機能している。それが研修課題で一変した。部門横断チームは，同じ轍は踏まないようにリーダーシップや意思決定，コミュニケーションや調整を一つひとつ改善してチームワークを機能させた。その反対に営業チームは歪みが生じてしまった。

2. 2. 1　チームを効果的にする

　図5-1は，優れたチームとそうでないチームとの比較を通して，チームの成果に貢献するさまざまな要因を特定しているチーム効果性モデル（池田，2009）である。このモデルは，チーム設計によってチームワークを形成し，それがプロセスを経てどのように変化し成果に結びつくかを示している。したがって，チームの全体像を理解してチームの状態を分析し問題を発見することができる。そして，チーム・マネジメントの3つのステップは，それぞれインプット―媒介―アウトカム（図5-1）への働きかけと考えられる。

　ストーリーでチームの成否を分けたのはチームワークである。そこで，図

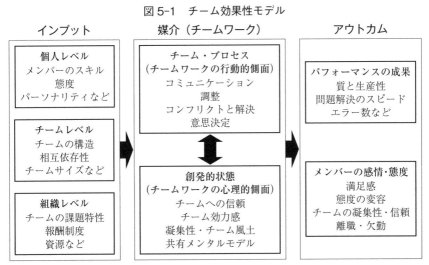

図5-1　チーム効果性モデル

出所）Mathieu, Maynard et al.（2008）；池田（2009）より筆者作成

5-1の媒介（チームワーク）に注目する。媒介は，マグラス（McGrath, 1964）がプロセスと規定した要素を，メンバーの相互作用が行われる行動的側面（チーム・プロセス）とそれを支える心理的・感情的側面（創発的状態）に分けたものである。そのメカニズムは，インプットの各要素がチーム・プロセスに影響し，時間が経つとメンバー間でお互いの理解，チームへのモチベーション，心理的・感情的な側面が変化し，それがまたチーム・プロセスに影響するというものである。

チームワークは，チーム・プロセスという目に見える行動と創発的状態という目に見えない心理・感情の相互作用から成り，目に見えない創発的状態がアウトカムに与える役割が大きいとされる。目に見えないものはマネジメントが難しいので，チーム・マネジメントでは行動的側面にアプローチをすることで間接的に心理・感情をプラスに変えようとする。チームの活動が難しいと感じるのも，目に見えない心理的要素がチームワークに作用しているからである。

ストーリーの営業チームは，課題テーマの意思決定でつまずいて，チームへの不満や不信感などマイナスの創発的状態が生じ，それがチーム・プロセスに影響している。部門横断チームはディナーのメニューの意思決定でつまずき，各メンバーは抱いた違和感を自分自身のフィードバックにし，研修課題でその教訓が活かされた形となっている。

2. 2. 2　チームをつくる

チームがどのように成長を遂げるのか，どこでつまずくのか，どうすれば再建できるのか。これらの問いにチーム・ビルディングの視点が活用できる。

チーム・ビルディングとは，チームが効果的にタスクを達成しメンバーのニーズを満足させることを支援するプロセスで，いったん開発して安定したチーム・プロセスを改善するインターベンションである（Levi, 2007）。その代表的な考え方が，チームの各段階において，問題点と解決策を示しているチームの発展段階である。

チームは，形成から終了まで変化しながら成熟していく。チーム内で相互理解が深まると，対人関係とタスク活動において創発的状態が変化し，チームワ

表 5-2　チームの発展段階モデル

	チームの特性	リーダーのタスク	メンバーのタスク
1　オリエンテーション orientation	・社会システムの欠如 ・不確実性	・方向性を与えるスタイル ・目的の概要を示すこと ・チームの任務を定義する	・お互いの理解の開始
2　形成期 forming	・チームの目的・境界 の確立	・明確な指示(問題の計画,焦点) ・積極的な役割モデリング ・指示的なリーダーシップ	・信頼と対人関係の確立 ・メンバーに受容される 行動を見つける
3　騒乱期 storming	・コンフリクトの出現 ・グループシンクのリ スク ・チームスピリットの 確立	・Win-Win 関係をつくること ・コンフリクトの解消・解決 ・メンバーのゴールへのコミッ トメントと信頼の構築 ・支持的なリーダーシップ	・規範,ルール,手順の 議論と調整
4　規範期 norming	・役割・期待・コミッ トメントに対するメ ンバーの同意 ↓ ・凝集性・チーム・アイ デンティティの確立	・補助的なフィードバックをメ ンバーに付与 ・チームのビジョン・方向性へ のコミットメントを要請 ・参加的なリーダーシップ	・意思決定の規則とプロ セスの合意（チームワ ークの成立） ・相互支援ネットワーク の確立 ↓ ・チームワークの成立
5　実行期 performing	・チーム活動の強 化・向上 ↓ ・改善・革新・スピード	・新しいアイデアを応援し,そ の履行を調整 ・メンバーからより良い働きを 引き出す ・チームの一員としての働き ・達成指向的なリーダーシップ	・個々の役割を定義し, 作業計画をつくるよう に動き出す ・学習による知識・技能 の習得

出所）Freid, Topping & Edmondson（2000）を参考に筆者作成

ークに影響する。このチームの変化を説明するモデルがチームの発展段階であ
る（表 5-2)。このモデルは，各段階のチームの状態とチーム・タスクを明示
し，チームがどのように発展，変化するかを示すものである（Levi, 2007)。表
5-2 は代表的なモデルで，各段階におけるメンバーの働き方，リーダーのチー
ム・マネジメントが一目瞭然になっている。

　最初でつまずくとチーム活動に不安を感じるようになる。この感覚は実は正
しくて，チームづくりは初期の段階に配慮が必要なのである。部門横断チーム
のディナー作りがそれであり，その後全員で改善しながらチームを創りあげた
ストーリーである。また，チームは順調に段階を進むとは限らない。営業チーム
は順調にディナーをクリアしたはずが，課題では表 5-2 の騒乱期に戻っている。

2チームの相違点は，チームの状態に応じて柔軟かつ適切にマネジメントを変化できたか否かである。特に，リーダーのタスクが大きな影響を与えている。共通点は，一人の発言に対してメンバーが意見があっても控えたことである。

2. 3　チーム・マネジメントを自分事化する

効果的なチームが，少しのつまずきで機能不全に陥る例はめずらしくない。各メンバーがチームを自分事として考えていないと，何か問題が生じてもリーダーか他の誰かが状況や問題に対応し支援すると期待してしまう。それでは効果的なチームにならないし，チームを維持すらできない。

部門横断チームの研修課題や営業チームのディナー作りは，チームが自分事になった好例である。各メンバーが積極的にチームを動かす様子は，チーム・マネジメントがリーダーとメンバーの共同作業であることを教えてくれる。一方，メニューやテーマの意思決定でリーダーの決定にメンバーが意見を控えたことで，チーム・プロセスのコミュニケーション不足や欠如，不全が創発的状態と相互作用して，コンフリクト（conflict：対立）を発生させたのである。

2. 3. 1　チーム・コミュニケーションを理解する

コミュニケーションは，私たちにとって円滑な対人関係を築く社会的スキルの一つである（大坊，2006）。組織は共通の目標達成のために協力関係で社会よりも密接につながる人の集団であり，チームは集団よりもさらに特定的な達成すべき目標を共有する緊密な人の集まりである（草野，2018）。だからこそ，チームではコミュニケーションがより重要になるのである。

組織内のコミュニケーション・ネットワークは，① 個人間，個人と組織の間，部門間，② 送り手・受け手の単数・複数間の量的関係，③ 地位関係とコミュニケーション方向など多様にある（草野，2018）。図5-2 は，ネットワークを単純化したモデルであると同時に，チームの発達とチーム・リーダーシップの関係性を示している（池田，2009）。鎖型は組織コミュニケーションの基本型で，大量の情報を多くの人に伝達できる合理的なモデルである。チームのよう

図 5-2　チームのコミュニケーション・ネットワーク

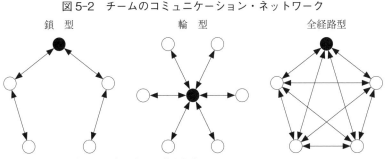

鎖　型　　　　　　　　　輪　型　　　　　　　　全経路型

出所）草野（2018）；山口（2009）より筆者作成

な少人数の相互依存関係には，質の高いコミュニケーションに適した輪型また
は全経路型が用いられる。

⑴　チームでコミュニケーションをとる

　リーダーがコミュニケーションの中心になってチームを先導するのが輪型で
ある。チーム形成時は，お互いを知ろうとメンバー間で行動を観察し，自ら主
体的には動かずリーダーの指示を待っている。チームの初期や機能不全に陥っ
ている場合は，リーダーの介入が必要になるので，輪型を活用することが多い。
　全経路型は，メンバーの相互連携や協力が高まりリーダーの存在が小さくな
る。チームに共通の経験や知識が蓄積され相互理解が深まり，意味や意図，メ
ンバーのしぐさ，表情を読み取りコミュニケーションを円滑に効果的に活用で
きるようになって，チームワークが充実した状態になる。チームが成熟しメン
バー間の自律的な相互関係が高まっている状態で輪型のままだと，チームへの
満足度が低下する（Robbins, 2005）。
　ストーリーのチームは，適したコミュニケーション・ネットワークを活用し
ても，成否を分けた。そのヒントになるのが，コミュニケーションの頻度であ
る。

⑵　コミュニケーションの頻度を考える

　チーム・コミュニケーションの頻度は，チームの有効性にプラスとマイナス
の場合がある（田原・三沢・山口，2013）。一般に，コミュニケーションの頻度が

高いと，情報の交換・共有が促進され，仕事が円滑になり対人関係が深まると考えてしまう。チーム形成時は，お互いの理解を深めるために頻繁なコミュニケーションが有効であるが，量的に多くなると仕事の効率性に影響を及ぼすようになる。必ずしもコミュニケーションを多くとればよいわけではない（草野，2018）。

チームワークは時間とともにコミュニケーションが減少し，パフォーマンスの高いチームは言語・非言語のコミュニケーションがなくてもタイミングを計ったように協調行動をとるようになる（田原・三沢・山口，2013）。だからといって，コミュニケーションの効率性を重視しすぎると，情報量が減少したり，誤解や勘違いなどからミスや事故が起こる可能性が高くなる。効果的なチームワークと効果的なチーム・コミュニケーションは表裏一体といえる。

ストーリーでは，コミュニケーションの頻度が低いと一人の発言で瞬時に決まり，頻度が高いとなかなか決まらない。部門横断チームは，メンバー全員が適度な頻度の発言や意見を述べ，合意形成に主体的に参加したことで，役割遂行の納得度が高くなり，効果的なチームワークの形成ができている。

2. 3. 2　チームで発言する

集団やチームによる意思決定は，多くの情報量と多様な見解が示されるため，さまざまな選択肢の検討が可能になり個人による意思決定より質の高い決定を生み出す（Robbins, 2005）。しかし，チームで発言することはそう簡単なことではない。また，集団の意思決定のほうが悪い結果をもたらすこともある。たとえば，集団のコンセンサスを求めるあまり，少数派や異なる意見が妨げられてしまうことがある。これを集団浅慮（グループシンク）という。チームは，慎重になりすぎたり，大胆でリスクの高い意思決定を行うこともある。このように極端な見解に大きくシフトすることを集団傾向（グループシフト）という。

発言が多くなれば，意見の不一致によるコンフリクトの生じる可能性が高くなる。コンフリクトは相手の言動が自分にネガティブな影響を及ぼす，もしくは及ぼしていると認識するプロセスである（Thomas, 1992）。コンフリクトは全当事者によって認識されていなければならない（Robbins, 2005）が，ストーリー

では，コンフリクトが表面化せず潜在化している。メンバーがリーダーや他者への感情を表出しなければ，他者はコンフリクトに気づかない。コンフリクトは存在しないことになり解決・解消されず，メンバーはより深くコンフリクトを潜在化させる。

　タスク・コンフリクトは適度であれば意見の違いが優位に働き，チームが活性化して業績を促進する（Jehn & Mannix, 2001）。部門横断チームは，タスクの対立や意見の違いから潜在的なタスク・コンフリクトが生じたが，その後，コミュニケーションを改善しコンフリクトを合意形成に変え，チームを創り上げている。一方，営業チームはタスクの相互理解や関係性が成熟したチームゆえに，緊張や摩擦，反感などが創発的状態に影響し，チームワークとアウトカム（メンバーの感情・態度）（図5-1）でネガティブに作用している。回避しなければならないとされる対人関係コンフリクトが生じたと考えられる。

2. 3. 3　発言スキルを磨く

　発言の難しさと発言によって生じるコンフリクトに対して，心的な備えをすること，発言のスキルを学ぶことで，自分を表現できる場としてチームを自分事に近づけてみよう。

⑴　心理的安全で発言できる

　コンフリクトには5つの対処行動（強制，回避，妥協，適応，協調）がある。この5つの対処行動はコンフリクトが生じたときの事後のマネジメントである。理想は，コンフリクトを生じさせず，メンバーの発言を促すように事前に対応することである。事前のマネジメントで，メンバーの知覚にアプローチする心理的安全という考え方がある。心理的安全は，「職場やチームが，対人的リスクのある行動や発言を懸念せずに行える安全な場であるとメンバー間で共有された状態で，人々が気兼ねなく発言できる環境である」（Edmondson, 1999）という知覚である。

　心理的安全が高いと，チームの目標や問題解決に有益な情報を提供することができ（Edmondson & Lei, 2014），チーム内での相互協力による目標達成意識を高め，支援行動が促進される（Leung et al., 2015）ことが示されている。さらに，

ネガティブな情報や困難な提案（Edmondson & Lei, 2014），考えや感情を発言できて（Edmondson, 1999），開放的で率直なコミュニケーションをとることが指摘されている（田原・小川，2021）。

　アイデアや解決案をもっていても沈黙するのは，周囲との対人的リスク（恥をかく，拒絶・批判される）を回避しようとする行動である（Edmondson & Lei, 2014）。心理的安全は，気兼ねなく発言できる風土を知覚する状態で，回避行動を事前に防ぐことにも役立つ。心理的安全が高いとメンバーが知覚していれば，メンバー間で良好な2つ（タスクと対人）の相互依存関係が構築され，継続できると考えられる。

⑵ アサーティブネス（Assertiveness：主張性）を活用する

　チームを活性化するには，コンフリクトの回避ではなく，適度なタスク・コンフリクトをつくる必要がある。それには，全員が発言できる環境と，そもそも発言するメンバーの存在が不可欠である。組織で率直に意見をいうことは，私たちの想定より少ない（Edmondson, 2012）。また，発言を受け入れる環境や知覚があっても，コンフリクトは起こりうる。同じ発言でも，相互の伝え方や受け取り方でやはり対人関係のコンフリクトが生じる。集団やチームで発言するスキルの一つにアサーティブネス（主張性）がある。

　アサーションやアサーティブとも表現される。堀田（2013）は，アサーティブネスは権利という中核的概念，自己尊重と他者尊重の2軸，対等性を含意するとし，ウィルソン＆ガロワ（Whilson & Gallois, 1993）の「自己の権利の主張と他者尊重への配慮を含む，二者間のバランスや対等性を維持すること」を紹介している。それらを踏まえ，アサーティブネスを「自分の要求や意見，感情を率直に表現し，他者と対等な関係を築くための自己主張」（堀田，2013）とし，ディクソン（Dickson, 1982）は対等で率直なコミュニケーションの方法と定義している。要するに，コミュニケーションを表現する技法である。

　コミュニケーションには3つのスタイルがある（平木，2009；Salas, Bowers & Edens eds., 2001）。気持ちや意見を表現しない，できない，伝わらない非主張的（消極的），その対極の相手の気持ちや立場を無視して自分の意見を貫く攻撃的，

その中間が最も理想的なアサーティブネス（主張的）である。考えや気持ちを
その場に適した方法で正確に率直にわかりやすく伝え，相手の考えや気持ちを
相違があったとしても受容するのが，アサーティブネスなコミュニケーション
である。ただし，他者への尊重を欠くと攻撃的な自己主張ととられる可能性が
ある。発言では，言葉だけでなく，表情や声のトーンなどの非言語による威圧
や他者批判，また気持ちや感情を伝えるのではなく感情的に伝えてしまうこと
がある（堀田，2013）。これらは攻撃的であり自己主張と混乱しやすく，私たち
はこの2つの使い分けに失敗することがある。

　最後に，アサーティブネスの一例である。メンバーが間違った方向性で目標
に邁進している。「あなたのやっていることは間違っている」もしくは，「私は
目指す方向性から少し離れているように思うよ」，少し立ち止まって考えて発
言してみよう。チームは，メンバーである私たちの一人ひとりが，「私」で発
言を始める自分事化によって，創り上げるものなのである。

■ 本章を読んで今すぐ実践できることを考える

- 現在所属する集団やチームが，どのような状態にあるか振り返ってみましょう。
- 集団やチームでのこれまでの自分の役割や言動を整理してまとめましょう。
- 明日から，「私」ではじめる発言をしてみましょう。

✐ 参考文献

Baker, D. P., Gustafson, S., Beaubien, J., Salas, E., & Barach, R. (2005) Medical Teamwork and Patient Safety: The Evidence-Based Relation, *Literature Review*, No.05-0053, April, AHRQ Publication.

Cannon-Bowers, J. A., Tannenbaum, S. J., Salas, E., & Volpe, C. E. (1995) Defining team competencies and establishing team training requirements, in E. Salas (ed.), *Team effectiveness and decision making in organizations*, San Francisco: Jossey-Bass, pp.333-380.

Dickinson, T. L., & McIntyre, R. M. (1997) A Conceptual Framework for Teamwork Measurement, In M. T. Brannick, E. Salas, & C. W. Prince (eds.), *Team Performance Assessment and Measurement: Theory, Methods, and Applications*, Mahwah, NJ: Lawrence Erlbaum Associates, 19-43.

Dickson, A. (1982) *A Woman in Your Own Right*, Quarter Books Ltd.（竹沢昌子・小野あかね監訳『第四の生き方─自分を活かすアサーティブネス』柘植書房

新社，1998 年）

Edmondson, A. C. (1999) Psychological safety and learning behavior in work teams, *Administrative Science Quarterly*, 44, pp.350-383.

Edmondson, A. C. (2012) *Teaming: How Organizations Learn, Innovate, and Compete in the Knowledge Economy*, John Wiley & Sons, Inc.（野津智子訳『チームが機能するとはどういうことか』英治出版，2014 年）

Edmondson, A. C., & Lei, Z. (2014) Psychological safety: The history, renaissance, and future of an interpersonal construct, *Annual Review of Organizational Psychology and Organizational Behavior*, 1, pp.23-43.

Freid, B. J., Topping, S., & Edmondson, A. C. (2000) Groups and Teams (chapter6), *Health Care Management. Organization and Design and Behavior 5th ed.*, Shortell, S. M., & Kaluzny, A. D. eds., Albany, NY: Delmer.

平木典子（2009）『アサーション・トレーニング—さわやかな〈自己表現〉のために』日本・精神技術研究所

開本浩矢（2014）『入門　組織行動論（第 2 版）』中央経済社

堀田美保（2013）「アサーティブネス・トレーニング効果研究における問題点」『教育心理学研究』日本教育心理学会，61，pp.414-424

池田弘（2009）「第 5 章　チームワークとリーダーシップ」山口裕幸編『コンピテンシーとチーム・マネジメントの心理学』朝倉書店，pp.69-85

Jehn, K. A., & Mannix, E. (2001) The Dynamic of Conflict: A Longitudinal Study on Intragroup Conflict and Group Performance, *Academy of Management Journal*, 44 (2), pp.238-251.

Katzenbach, J. R., & Smith, D. K. (1993) The Discipline of Team, *Harvard Business Review*, March-May.

Kozlowski, S. W. J., & Ilgen, D. R. (2006) Enhancing the Effectiveness of Work Groups and Teams, *Psychological Science in the Public Interest*, 7 (3), pp.77-124.

草野千秋（2018）「第 8 章　チーム医療とコミュニケーション」伊藤英夫・工藤秀機・石田行知編『対人援助のためのコミュニケーション学』文京学院大学総合研究所，pp.109-124

Leung, K., Deng, H., Wang, J., & Zhou, F. (2015) Beyond risk-taking: Effects of psychological safety on cooperative goal interdependence and prosocial behavior, *Group and Organization Management*, 40, pp.88-115.

Levi, D. (2007) *Group Dynamics for Team 2nd ed.*, Sage Publications, Inc.

Mathieu, J. E., Maynard, M. T., Rapp, T., & Gilson, L. (2008) Team Effectiveness 1997-2007: A Review of Recent Advancements and a Glimpse into the Future, *Journal of Management*, 34 (3), pp.410-476.

McGrath, J. E. (1964) *Social Psychology: A Brief Introduction*, New York: Holt, Rinehart & Winston.

縄田健吾・山口裕幸・波多野徹・青島未佳・産学連携機構九州（2015）「企業組織において高業績を導くチーム・プロセスの解明」『心理学研究』85 (6)，pp.529-539

大坊郁夫（2006）「コミュニケーション・スキルの重要性」『日本労働研究雑誌』546/January，pp.13-22

Robbins, S. P. (2005) *Essentials of Organization Behavior,* Prentice-Hall.（髙木晴夫訳『新版　組織行動のマネジメント』ダイヤモンド社，2009 年）

Salas, E., Bowers, C. A., & Edens, E. (eds.) (2001) *Improving Teamwork in Organization,* Lawrence Erlbaum.（田尾雅夫監訳，深見真希・草野千秋訳『危機のマネジメント—事故と安全：チームワークによる克服』ミネルヴァ書房，2007 年）

Salas, E., Dickinson, T. L., Converse, S. A., & Tannenbaum, S. L. (1992) Toward an understanding of team performance and training, in Swezey, R. W., & Salas, E. (eds.), *Teams: Their training and performance,* Norwood, NJ: Ablex Publishing Corporation, pp.3–29.

田原直美・三沢良・山口裕幸（2013）「チーム・コミュニケーションとチームワークとの関連に関する検討」『実験社会心理学研究』53⑴, pp.38–51

田原直美・小川邦治（2021）「職場における心理的安全とチーム・コミュニケーションとの関連」『西南学院大学　人間科学論集』16⑵, pp.27–42

Thomas, K. W. (1992) Conflict and Negotiation Processes in Organizations, in Dunnette, M. D., & Hough, (eds.), *Handbook of Industrial and Organizational Psychology 2nd ed.,* Vol.3., Palo Alto, CA: Consulting Press.

辻大介・是永論・関谷直也（2014）『コミュニケーション論をつかむ』有斐閣

Whilson, K., & Gallois, C. (1993) *Assertion and its social context,* Oxford UK: Pargamon Press.

山口裕幸（2008）『チームワークの心理学』サイエンス社

山口裕幸編（2009）『コンピテンシーとチーム・マネジメントの心理学』朝倉書店

✎ 参考資料

「今こそ，社員を鍛える！シリーズ「働き方が変わる」第 14 弾」『ガイアの夜明け』テレビ東京（2016 年 09 月 27 日放映）

📖 もっと学びたくなった人のために推薦する本

West, M. A. (2012) *Effective teamwork: Practical Lessons from Organizational Research 3rd ed.,* John Wiley & Sons.（下山晴彦監修，高橋美保訳『チームワークの心理学—エビデンスに基づいた実践へのヒント』東京大学出版会，2014 年）

推薦理由：チームに関する理論を網羅的に理解できる一冊。

Edmondson, A. C. (2012) *Teaming: How Organizations Learn, Innovate, and Compete in the Knowledge Economy,* John Wiley & Sons.（野津智子訳『チームが機能するとはどういうことか』英治出版，2014 年）

推薦理由：基礎理論から環境変化に対応する新しいチームづくりが理解できる。

Coyle, D. (2018) *The culture code: the secrets of highly successful groups,* Random House Publishing Group.（楠木健・桜田直美訳『THE CULTURE CODE　最強チームをつくる方法』かんき出版，2018 年）

推薦理由：豊富な事例で物語を楽しみながらチームをつくることを学べる一冊。

第 **6** 章

トップとともに組織も個人も
生まれ変わる

● 「組織を変革する」ことはなぜ必要なのでしょうか。
● 組織変革を成功に導くために何をしなければならないでしょうか。

🔑 キーワード

組織ライフサイクル，組織変革，断続均衡モデル，
変革プロセス，アンラーニング

1. ストーリー「レストランを変える力」を読む

[レストランの発展と行き詰まり]

　商店街から少し離れた新興住宅地にある「レストラン　アルプス」は，オーナーの調子理人（45歳）が都内の老舗レストランでの修業を終えて20年前に始めた店だった。当初は夫婦だけで切り盛りしていたが，開店から5年ほどしてオムライスが評判になりグルメ雑誌に取り上げられることに。結果，当初は家族連れのディナー客が中心であったが，ランチの時間帯もサラリーマンや学生が行列をつくるほどに大繁盛してきた。そのため，オーナー夫婦だけでは切り盛りできなくなり近隣の大学からアルバイトを雇うことになった。

　しかし，学生アルバイトはテスト期間には集まらず，オーナー夫婦だけで対応することが多くなり，てんてこ舞いの状態になることがしばしばだった。そこで調子は，ご近所の主婦や会社を退職した年代の人々にもパートタイムで働いてもらえるように声をかけ，学生アルバイトが集まらない繁忙期にも何とか運営できる体制を整えた。さらに，配膳の方法や掃除の仕方など，アルバイトやパート従業員が行うべき業務内容をマニュアル化して，入ったばかりの人でも仕事ができるようにした。

　しかし，さらなる経営上の大きな問題が発生する。調子が料理づくりやメニューの開発だけでなく，食材の手配やアルバイト・パートのシフトや仕事内容の決定，さらにはお金の管理まで一人で行っていた。調子のリーダーシップで対応しようと思っても限界がある。繁忙期にはどうしても手が回らず，対応が十分にできなかった結果，顧客が離れてしまうことになり，売上げが減少してしまった。

　そこで調子は，アルバイトのシフトや仕事内容の決定を長年「レストランアルプス」で働いているアルバイトの長嶋茂（20歳）に任せることにした。長嶋は大学2年生であるが，高校時代から3年以上も働いていて調子の信頼も厚かった。

[環境変化]

　さらに，役割分担を決めてから1年が過ぎようとしたとき，2つの大きな環境変化が起こる。一つ目は，「レストラン　アルプス」から少し離れた国道沿いに大型ファミレス・チェーン店が営業を始めたことだ。低価格でイタリアンを提供する店として知名度は高く，アルプスのある地域には初めての出店だった。もう一つの環境変化は，感染症が蔓延し，外食が敬遠されるようになったことである。「レストラン　アルプス」だけでなく，多くの飲食店が経営危機に立たされていた。しかも，感染症対策のための費用が追加でかかってくることになった。

　調子は，店を続けることに不安を感じ始めていた。それは，アルバイトにも影響を与えてしまった。長嶋の友人で同じ大学に通うアルバイト仲間の中井は，活気のなくなってきた「レストラン　アルプス」ではお金を稼ぐためだけに仕事をしていると言い切るし，パートの人も「レストラン　アルプス」は近所の寄り合い場所のようにしか考えていないようであった。

[チャレンジ]

　しかしここで諦めるわけにはいかなかった。調子は，自身の城である「レストラン　アルプス」の味を何とかして残したいと思っていた。一人で何とかしなきゃと考え続けていたものの，モチベーションの低下したアルバイトやパート従業員をうまく変革に巻き込んでいく自信はもてていなかった。

　まずは現状分析をすることにした。郊外のチェーン店と比較して「レストラン　アルプス」の強みは何か。ふと常連客に「レストラン　アルプス」の居心地の良さを指摘されたことを思い出した。チェーン店にはないアットホームな雰囲気が店の武器。この強みをさらに磨いていこうと考えた。そして，変革後のレストランのイメージを「くつろぎの空間」とすることにした。

　実はもう一人，諦めていないものがいた。アルバイトの長嶋だ。彼もまた，高校時代からお世話になっている「レストラン　アルプス」を失いたくなかった。その気持ちは強いものの，調子には言い出せずにいた。

[変革開始]

　手始めに，店内のレイアウト変更からスタートすることを考えた調子は，アルバイトやパート従業員たちに案を出してもらうことにした。ただし，あまりやる気がないアルバイトやパートは新しい仕事が増えることに拒否反応を示し，なかなか前に進まなかった。むしろ，従業員のモチベーション低下は，あきらかな変革の妨げとなっていた。

　だが，長嶋だけは違っていた。率先的に案を出し，アルバイト仲間の"気持ち"を集結しようと試みた。組織を変えるにはトップだけでは不可能で，みんなの協力が必要だと認識していた。調子にも直接気持ちをぶつけ，協力者になることを買って出た。そして長嶋は，アルバイト仲間の中井の説得にかかった。レストランへの思い，将来の夢，オーナー夫妻への感謝の気持ちを訴えた。熱い思いが通じたのか，中井もようやく変革の必要性を理解してくれるようになってきた。長嶋のこうした行動は，他のアルバイトやパート従業員にも感じ取られるほど，熱心なものであった。

　調子と長嶋，さらには中井が加わって変革チームが出来上がってきた。そして，オーナーである調子の示す「くつろぎの空間」を，ビジョンとして示しながら変革にまい進することにしたのである。

[変革の推進]

　料理のプロである調子だが，振り返ってみると今まで「経営」を真剣に考えたことはなかった。また若者の意見を取り入れることも少なかった彼にとっては，長嶋や中井から刺激的な情報を得ることができていた。そして，レストランをオープンした20年前のことを思い出した。危機感をもちつつも，ワクワク感が充満していることに気がついた。

　気持ちを新たにした調子は，このままでは「レストラン　アルプス」が危機的な状況に陥ることを，従業員につぶさに説明した。「レストラン　アルプス」の苦境を示すことは，従業員の離脱につながるかもしれず，一種の賭けであった。しかし，長嶋がさまざまな説得を行っていたために，危機脱出のための行動意欲をわき起こすことになった。

　3人の変革チームは,「くつろぎの空間」というビジョンにあうようにさまざまな変更を進めていった。まずはメニュー作り。看板メニューのオムライスに加え,和洋折衷のいわゆる家庭料理に属するメニューも増やした。新興住宅地にあり学生も多い街であるので,「第2のわが家」になるようなメニュー作りを意識した。

　また,根本的な役割分担も考え直した。これまでは,料理をつくる調子と配膳や清掃をするアルバイトには明確な役割分担があり,それぞれの業務を担当するのみであった。だが,調理やメニュー開発の一部にアルバイトやパートが参加する機会を与えた。くつろぎの空間にするためには,従業員にも過ごしやすい職場である必要がある。そのために「仕事の役割分担を越えた関係を作ろう」と考えた調子のアイデアだった。試行錯誤をしながらも,従業員との新しい関係性を構築する必要性を学習することができてきた。

　そして,メニュー開発と並行し,レイアウトの変更など空間づくりにも着手。以前にはアルバイトやパート従業員はアイデアを出してくれなかったが,変革機運が高まっているおかげか,多数の案が出された。特に中井は,他のアルバイトでは体験できないクリエイティブな活動に何ともいえない興奮を感じていた。これまでお金のためだと思っていた仕事に対する考え方が徐々に変化していた。

　こうして,レイアウトやメニューといった目に見えるものだけでなく,従業員の考え方や価値観も変わり始め,新しい「レストラン　アルプス」ができあがりつつあった。

ストーリーに潜む教訓を考える

- 「レストラン　アルプス」のストーリーでは,売上げが順調に増えていても経営が行き詰まってしまったが,それは不可避なのでしょうか。
- 組織が変わるためには,「何を」「どのように」変革することが必要なのでしょうか。またどのようなプロセスで変革を進めるべきなのでしょうか。

2. 背後にあるロジックを知る

2.1 組織をなぜ変えないといけないのか？

ストーリーを読んでわかるとおり，組織が永続するためには，変わることが不可欠である。しかも，順調に成長できていたとしても，どこかで頭打ちにあってしまう。それは，たとえば組織の規模が拡大するにつれて，求められるマネジメント・スタイルが異なってくるからである。こうした組織の誕生から成長，あるいは死に至るまでの一連のプロセス・モデルは，組織ライフサイクル（organizational life cycle）と呼ばれている。

代表的な組織ライフサイクル・モデルは，グレイナー（Greiner, 1972）のモデルである（図6-1参照）。グレイナーは，組織の成長段階を「規模」と「年齢」という2つの軸から5つの段階に区分している。そして，成長の原動力となるリーダーシップや組織構造，また統制システムなどが，それぞれの段階ごとに異なっていることを示している（表6-1参照）。また，これまで成長を牽引して

図6-1　グレイナーの成長の5段階

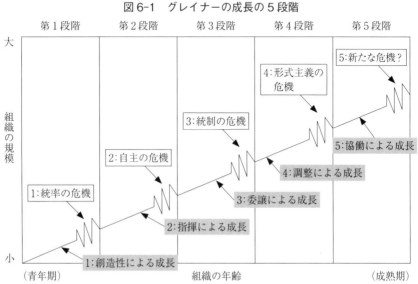

出所）Greiner (1972, 1983) p.51

表6-1　グレイナーの成長の5段階におけるマネジメント・スタイル

	第1段階 創造性	第2段階 指揮	第3段階 委譲	第4段階 調整	第5段階 協働
経営管理の焦点	製品と販売	活動の効率	市場の拡大	組織の強化	問題解決と革新
組織構造	非公式的	集権的で職能的	分権的で地域的	ライン・スタッフと製品グループ	チームのマトリクス
トップ・マネジメントの流儀	個人的で事業家肌	指揮的	委譲的	番犬的	参加的
統制システム	市場の結果	標準とコスト・センター	報告とプロフィット・センター	計画と投資センター	相互的な目標設定
報酬の重点	株の所有	給料と業績による加給	個人的なボーナス	利益分配とストック・オプション	チームのボーナス

出所）Greiner (1972, 1983) p.56

きたリーダーシップやマネジメント方法が，次の段階へ成長する足かせとなることも，グレイナーは指摘している。これまでの経営方法を見直し，革命的な変革を起こすことで新たなステージへと成長できるとしている。

　「レストラン　アルプス」のストーリーでみると，調子と妻の夫婦で始め，オムライスのヒットにより規模が拡大し成長することができた。しかし，規模の拡大によりアルバイトを雇う必要が生じた。夫婦2人で経営しているときと，アルバイトを雇用している場合では，当然マネジメント方法が異なってくる。特に，シフトの調整などは夫婦だけのときには考える必要がなかった項目である。さらに，調子一人では手が回らなくなり，さらなる役割分担も必要になった。このように，組織の成長に合わせてマネジメント・スタイルを変更させることが不可欠なのである。

2. 2　大きな変化が必要？

　組織ライフサイクルの側面だけではなく，組織を取り巻く環境の変化によって組織を大きく変えていくことも必要になる。組織を取り巻く環境は，安定し

ていることはなく，変化するものである。

　組織は，「オープン・システム」と考えられることが多い。オープン・システムとは，組織は外部環境と相互作用している関係性をもっているとする視点である。そもそもシステムとは，相互に関連する要素（サブシステム）が相互に作用し調和しながら，全体として形作っているまとまりや仕組みのことをいう。組織が存続・発展するためには，外部環境から人・物・金・情報といった経営資源を調達し，生産した製品やサービスを顧客に提供することで成果を得ることが求められる。このように外部環境と作用しながら組織が存在するという考え方が，オープン・システムとしての組織の見方である。「レストラン　アルプス」もまさにオープン・システムとして存在している。

　ただし環境は変化するものである。そして環境変化によって組織は成果を得られなくなる場合が発生する。その場合，組織としての存在意義を失ってしまうため，環境変化に注目し，組織構造やマネジメント方法を変化させることが求められる。

　「レストラン　アルプス」のストーリーでいえば，大型ファミレス・チェーン店ができたり，感染症が蔓延したりと，大きな環境変化に直面することになった。こうした外的な要因から当然組織は変わる必要がある。

2. 3　組織は意識的に変革できるのか？

　組織ライフサイクル・モデルでは，組織の規模（成長）に合わせて革命的な変革が必要であることが指摘され，また環境変化によっても組織の変革が必要であると指摘した。ここで検討しておきたいことは，「組織は変わるのか，それとも変えるのか？」という議論である。

　組織の変化について鈴木（2018）は，3つの考え方を示している。1つ目は「組織は意図しなくとも自然に変わっていく」という考え方である。日々の経験のなかで組織はさまざまな学習をする。その結果，組織は知らず知らずのうちに少しずつ変化していくと考えられる。2つ目は，「組織が意図して組織を変える」という考え方である。組織をどのようにしたら変えられるかを検討す

るのがこの考え方である。また3つ目は，「環境の変化によって変わる」という考え方である。環境変化が起きたからといって，すぐに組織は変化することができない。少し遅れて変化することになるが，その環境変化に適合した組織形態が選択されることになり，その他は淘汰されるとする。

　特に，2つ目の「意図して組織を変える」議論，すなわち，組織に存在する制度や規則，戦略や組織機構などを変更し，組織メンバーの行動変容を促す方法論を探求する研究領域を組織変革（organizational change/organizational transformation）と呼ぶ。組織が成長し存続するためには，意図的な組織変革が不可欠である。次項では，組織変革に関する研究を概観していきたい。

2. 4　組織変革に関する研究の発展と種類

2. 4. 1　組織変革の基本的プロセス

　組織変革の初期の研究として，レヴィン（Lewin, 1951）の3段階モデルが広く知られている。彼によると，組織変革の基本的なプロセスは「解凍（unfreezing）」→「移行（moving）」→「再凍結（refreezing）」という3つの段階から成り立っている。まず「解凍」段階は，現在の行動を支持している均衡状態を流動的にし，心理的緊張状態を変革させる段階である。言い換えれば，組織メンバーに現状と望ましい状態を認識させ，変革の必要性を理解させる段階である。次に「移行」段階は，心理的緊張を解くため情報の探査，処理，利用がなされる段階である。実際に新しいマネジメント方法を組織に導入する段階と考えられる。そして「再凍結」段階は，変革によって生じた新しい状態を既存の組織内に定着させる段階である。新たに導入された方法を組織内に定着させる段階と理解するとわかりやすい。

2. 4. 2　組織変革の種類

　また組織変革の理論は，「計画的変革」と「創発的変革」という2つに分類することもできる（山岡，2015）。まず計画的変革では，組織変革を実施するにあたって経営層や経営企画部門，あるいは変革リーダーによって詳細な変革プランが作り上げられる。そのプランに基づいて，トップダウン型で現場となる

部門や組織メンバーに伝達され，実行部隊には計画どおりに変革を遂行することが求められる（山岡，2015）。

　一方の創発的変革は，ボトムアップ型であり，現場からの創発的な取り組みに価値を置いている。組織変革においては，リーダーだけに任せるのではなく，現場の組織メンバーが変革目標に向けて主体的に取り組むことが不可欠であり，トップと現場が相互作用することによって，変革の成果を高めることができると考えられる（詳細は，第7章参照）。

　「レストラン　アルプス」のストーリーでは，チェーン店の進出や感染症の蔓延という大きな環境変化に対し，オーナーの調子を中心にビジョンを考えだした。しかし調子一人の力では限界があり，アルバイトの長嶋を巻き込みながら変革チームを築くことも不可欠であった。

2. 4. 3　組織の成長と変革との関係：断続均衡モデル

　次に，組織の成長・進化と組織変革との関係性に注目した理論をみていこう。タシュマン＆ロマネリ（Tushman & Romanelli, 1985）やタシュマン＆オーライリー（Tushman & O'Reilly, 1997）などが言及している「組織の断続均衡モデル（punctuated equilibrium model）」がその例である。断続均衡モデルでは，どの企業でも小規模で長期にわたる漸進的変革段階と，大規模で非連続的な急進的変革段階という異なる2つの組織変革を交互に行い成長していることを明らかにした（図6-2参照）。さらに，どの業種もある規則的な頻度で急進的変革が起きていることも言及された。

　またタシュマン＆オーライリー（1997）は，漸進的変革は組織を構成する1つないし2つの要素の再調整を行うのに対し，急進的変革では課題，人材，文化，公式組織構造の整合性の見直しなど，組織を構成する要素が同時に変更されるという。漸進的で部分的な変革だけでは不十分で，統合的な変革が必要であるとしている。

　さらに，タシュマン＆ロマネリ（1985）では，組織変革を進めるうえでトップマネジャーのリーダーシップを重視している。急進的変革が起こる段階では，その変革に抵抗する力と，変革を推進する力の2つが対立することにな

図6-2　組織の断続均衡モデル

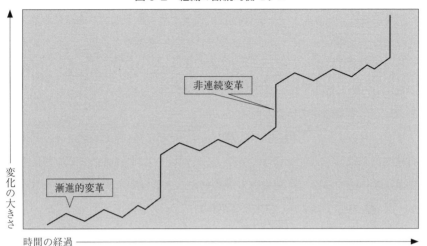

出所）Tushman & O'Reilly (1997) p.174

る。この抵抗勢力と推進勢力とをトップマネジャーが仲介する役割を果たすことが求められている。

2.5　自分事として組織を変革する

　本章のここまでを読んで，組織変革が自分には縁遠いものであると感じた読者もいるかもしれない。実際に，これまで組織ライフサイクル・モデルにしろ，断続均衡モデルにしろ，大規模な組織（主に大企業）への成長を想定して議論されていた。しかし，組織ライフサイクルや組織変革の考え方は，読者の所属する身近な組織にも当てはめて考えてもらいたい。組織が永続するためには，① 成長に合わせて（あるいは成長するために），また ② 環境変化に合わせて（あるいは先取りして）意図的に抜本的な変革が必要であると述べてきた。これは決して大企業に限った話ではない。

　ストーリーに示したように，街のレストランであっても，成長に合わせてマネジメント・スタイルを変更することが求められ，それに合わせて組織構造や戦略を変える必要があった。さらに，急激な環境変化に合わせて，組織を抜本

的に変革することを余儀なくされた。もっと身近な例で，学生時代に部活やサークル，あるいはアルバイト先でも程度の差こそあれ急進的な変革に直面した経験はないだろうか。そして，否応なしに組織を変革する立場に立たされることもあるだろう。次に，読者の皆さんが「チェンジリーダー」になって組織を変革するためにどうすればよいのかを考えていきたい。

2. 5. 1　組織変革の行動と対象

　まず，どのような変革行動に取り組むべきだろうか。それを考えるうえで，組織変化の操縦モデルが参考になる（鈴木，2018）。これまでの多様な組織変革の議論を統合する形で，能動的か受動的か，大規模か小規模かという2軸から，図6-3のように4つの変化と変革行動を示している。

　断続均衡モデルに示されていたように，小さな変化を繰り返すことによってなされる漸進的で小規模な組織変革もあるし，現状を急進的に打破するような組織変革も考えられる。すなわち，組織変革のきっかけが急激な環境変化への対応なのか，それとも日々の業務のなかでの改善活動の一環なのかによって，変革の進め方や対象が変わってくるし，環境変化に対応すべく変革するのか，あるいは環境変化を先取りして能動的に変革するのかによっても変革の内容が異なってくるのである。まず「チェンジリーダー」の役割を担うに当たっては，現状を分析し，組織が長期的に発展成長するうえで，いまどのような組織変革を進めるべきかを考える必要があるだろう。

　次に，「チェンジリーダー」として，組織の何を（どこを）変えていく必要があるのか考えたい。まず把握しておくべきことは，「組織がさまざまな変数で

図6-3　変化の操縦モデル

小規模な変化

	状況の変化に巻き込まれる形での変化や適応	仕事の手順・やり方の刷新や改善，技術のアップデート	
受動的変化	企業の存亡につながる市場や環境の変化への対応	人員整理や革命的な組織変革	能動的変化

大規模な変化

出所）鈴木（2018）p.285

構成される複合システムである」ということである。そのため，組織変革もま
た複合的に取り扱うべきであると考えられる。特に前述したように，急進的変
革段階においては組織のさまざまな変数を統合的に変革することが必要であ
る。

　組織を構成する変数についてガルブレイスら（Galbraith, Downey & Kates, 2002）
は，「戦略」「構造」「プロセス」「報酬システム」「人材」の5つの要素がある
ことを指摘している。そして，これらがうまくかみ合った場合に，最も効率的
に組織目標を達成できるとしている。同様にナドラー（Nadler, 1998）は，業務
組織を構成する要素として，「業務」「人」「公式組織」「非公式組織」の4点を
あげ，これらの構成要素間で整合性を高めることが組織変革では不可欠である
とする。そして内野（2006）では，変革の対象を，① 組織，② 集団・チーム・
対人関係，③ 個人の3つに分類し，そのうえで変革の主たる方法として，①
見えるもの：ビジョン，目的，戦略，仕組み，構造等を変える，② 見えない
もの：スキーマ，風土，文化，意識，態度，行動への動機づけ等を変える，と
いうように区分している。

　以上のように，組織にある構成要素を個別に変更するのではなく，構成要素
間の影響関係を把握しながら，変革を進める必要がある。

2. 5. 2　組織変革のプロセス・モデル

　では，皆さんが「チェンジリーダー」だったとして，どのように変革，特に
急進的変革を進めればよいだろうか。ここでは変革のプロセスを示したモデル
であるコッター（Kotter, 1996）の「8段階のプロセス・モデル」を紹介したい。

　コッター（1996）は組織変革のプロセスを，第1段階「危機意識を高める」，
第2段階「変革推進のため連帯チームを築く」，第3段階「ビジョンと戦略を
生みだす」，第4段階「変革のためのビジョンを周知徹底する」，第5段階「従
業員の自発を促す」，第6段階「短期的成果を実現する」，第7段階「成果を活
かして，さらなる変革を推進する」，第8段階「新しい方法を企業文化に定着
させる」という8段階で変革を進めることが不可欠であるという。また，どの
ような組織であってもこの8つの段階の順序を守ることが肝要であると指摘

し，特に「ビジョンの創造」を重視している。一方で，各段階でしっかりと成果を築かず，過ちを犯してしまったら，思うような成果が生まれず，深刻な結果を招くことになると述べている（図6-4参照）。

　さらにコッター（1996）は，こうした変革段階を進めるにあたり，プランニングや予算策定，組織設計，人材配置，コントロール，問題解決の活動などの「マネジメント」だけでなく，将来のあるべき姿を提示し，そのビジョンに向けて人材を整列させ，障害を克服し，さらには変革に向けて人々を鼓舞させる「リーダーシップ」の発揮が不可欠であり，トップがリーダーシップを十分に発揮することで組織変革が実現できるとしている。つまり成功を収める変革は，70 〜 90％がリーダーシップによってもたらされ，残りの10 〜 30％がマネジメントによってもたらされると指摘している。

　もし皆さんが「チェンジリーダー」になった場合，変革後の組織のあるべき姿をビジョンとして示し，他のメンバーを巻き込みながら変革活動を進めていくことが不可欠であることを意識してもらいたい。

図6-4　コッターの組織変革の8段階とその過ち

変革段階	失敗要因
1. 危機意識を高める	▶ 従業員の現状満足を容認する
2. 変革推進のための連帯チームを築く	▶ 変革推進のための連帯を築くことを怠る
3. ビジョンと戦略を生みだす	▶ ビジョンの重要性を過小評価する
4. 変革のためのビジョンを周知徹底する	▶ 従業員にビジョンを周知徹底しない
5. 従業員の自発を促す	▶ 立ちはだかる障害の発生を許してしまう
6. 短期的成果を実現する	▶ 短期的な成果をあげることを怠る
7. 成果を活かして,さらなる変革を推進する	▶ 早急に勝利宣言する
8. 新しい方法を企業文化に定着させる	▶ 変革を企業文化に定着させることを怠る

出所）Kotter（1996）をもとに筆者作成

2.6 個人が成長するきっかけとしての組織変革

最後に，組織変革が個人の成長につながることも指摘しておきたい。変革はどうしても心理的抵抗を生む。それは，変革によって新たな学習が必要になることに起因する。シャイン（Schein, 1999）によると，組織変革に直面した個人は，① 変革に伴う新たな学習をすることへの不安（学習不安，learning anxiety）と，② 環境変化に対応できないことへの罪悪感からくる生き残りへの不安（生存不安，survival anxiety）という 2 つの不安が生じるという。そして変革を進めるためには，「生存不安」を高めるだけでなく，「学習不安」を可能な限り軽減する必要があることを論じている。今回の「レストラン　アルプス」のストーリーでは，長嶋茂が情熱をもって説得することにより，新たな学習をすることの不安を軽減するとともに，調子理人が現状をつぶさに説明することによって「生存不安」を高め，その結果組織メンバーの変革行動が進んだといえよう。

そして，組織変革が新たな学習を伴うということは不安要因としてだけでなく，ポジティブに考えることもできる。つまり，組織メンバーやチェンジリーダー自身の学習機会となるという見方も可能である。たとえば，金井（2002）は，「悲惨な部門・業務の改善と再構築」を通じて「一皮むけた経験」の事例をあげている。部門・業務の改善や再構築を成し遂げたことで，① タフであり説得的であること，② タフでありながらも配慮を忘れないこと，といった点を学ぶことができるとしている。まさに「レストラン　アルプス」のストーリーで長嶋は，説得的であり続け，配慮を忘れず対処する姿勢を身につけていったといえる。

さらに組織変革が，個人の「アンラーニング」（unlearning）にもつながるとも考えられる。組織が成功体験に捉われてしまい，環境適応できないことは「有能性の罠」（Levitt & March, 1988）といわれるが，個人においても同様のことが起こるという。つまり，過去の成功体験に縛られて，既存のノウハウに固執し，新しいノウハウを獲得できなくなる（松尾, 2021, p.vi）。そして，こうした罠に陥らず，さらに成長するためにはアンラーニングが必要になると指摘されている（松尾, 2021）。アンラーニングとは，もともと組織学習論の研究から生

まれてきた概念であるが，個人レベルでも研究されるようになってきた。そして個人のアンラーニングは「個人が，自分の知識やスキルを意図的に棄却しながら，新しい知識・スキルを取り入れるプロセス」（松尾，2021，p.13）と定義されている。こうしたアンラーニングによって個人は成長できるのである。さらにアンラーニングを進めるためには，「批判的内省」がカギとなっているという（松尾，2021，p.63）。急進的変革段階においては，これまでの組織に共通していた価値観を疑うことが必要になる。その結果，組織を変革するチェンジリーダーも，また組織のメンバーも，批判的内省の機会を得ることになると考えられる。

　「レストラン　アルプス」のストーリーでは，オーナーの調子は当初は料理のことしか考えていなかったが，組織の成長に伴ってマネジメントの視点を手に入れた。また急激な環境変化に適応した，急進的変革を経験することで，役割分担することだけでない，あらたな経営者と従業員との関係性に関する知識を手に入れることができたといえよう。

　このように，組織変革は決して一部の組織だけのものではなく，また限られたリーダーだけのものではない。私たちが所属している組織にも不可欠なものであり，自分にも振り返ってくるものなのである。ぜひ「チェンジリーダー」となって，組織を変革するだけでなく，自身も成長につなげてもらいたい。

本章を読んで今すぐ実践できることを考える

- 皆さんが所属している組織（サークル，ゼミ，部署など）を変革するとき，何から始めるでしょうか。皆さんが組織のリーダーであることを想定し，考えてみましょう。
- さらに，その組織変革の経験が，自身の成長にどのように役立つでしょうか。なりたい将来像を想像しながら考えてみましょう。

🖋 参考文献

安藤史江・稲水伸行・西脇暢子・山岡徹（2019）『ベーシック＋経営組織』中央経済社

Daft, R. L. (2001) *Essentials of Organization Theory & Design 2nd ed.*, South-Western College Publishing.（髙木晴夫訳『組織の経営学』ダイヤモンド社, 2002 年）

古田成志（2016）「組織変革論における断続均衡モデルの意義と課題―組織変革メカニズムの枠組みを援用して」『中京学院大学経営学部研究紀要』23, pp.13-26

Galbraith, J. R., Downey, D., & Kates, A. (2002) *Designing Dynamic Organizations: A-hands-on guide for leaders at all levels*, AMACOM.

Galbraith, J. R., & Nethanson, D. A. (1978) *Strategy Implementation: The Role of Structure and Process*, West Publishing.（岸田民樹訳『経営戦略と組織デザイン』白桃書房, 1989 年）

Greiner, L. G. (1972) Evolution and Revolution as Organizations Growth, *Harvard Business Review*, 1972-Jun.-Aug., pp.37-46.（「新たな発展への座標軸　企業成長の"フシ"をどう乗り切るか」『ダイヤモンド・ハーバード・ビジネス』4-5 月号, 1983 年）

金井壽宏（2002）『仕事で「一皮むける」―関経連「一皮むけた経験」に学ぶ』光文社新書

Kotter, J. P. (1996) *Leading Change*, Harvard Business School Press.（梅津祐良訳『企業変革力』日経 BP 社, 2002 年）

Levy, A., & Merry, U. (1986) *Organizational Transformation*, Praeger Publishers.

Leavitt, H. J. (1965) Applied Organizational Change in Industry: Structural, Technological and Humanistic Approaches, in J. G. March, ed., *Handbook of Organizations*, Rand McNally & Company.

Levitt, B., & March, J. G. (1988) Organizational learning, *Annual Review of Sociology*, 14, pp.319-340.

松尾睦（2021）『仕事のアンラーニング―働き方を学びほぐす』同文舘出版

Nadler, D. A. (1998) *Champions of Change: How CEOs and Their Companies are Mastering the Skills of Radical Change*, Jossey-Bass.（斎藤彰悟監訳, 平野和子訳『組織変革のチャンピオン―変革を成功に導く実践ステップ』ダイヤモンド社, 1998 年）

Quinn, R. E., & Cameron, K. (1983) Organizational Life Cycles and Shifting Criteria of Effectiveness: Some Preliminary Evidence, *Management Science*, 29 (1), pp.33-51.

Schein, E. H. (1999) *The Corporate Culture Survival Guide*, Jossey-Bass.（金井壽宏監訳, 小川丈一・片山佳代子訳『企業文化―生き残りの指針』白桃書房, 2004 年）

鈴木竜太（2018）『はじめての経営学　経営組織論』東洋経済新報社

Tushman, M. L., & O'Reilly Ⅲ, C. A. (1997) *Winning through innovation*, Harvard Business School Press.（斎藤彰悟監訳, 平野和子訳『競争優位のイノベーション』ダイヤモンド社, 1997 年）

Tushman, M. L., & Romanelli, E. (1985) Organizational Evolution: A

Metamorphosis Model of Convergence and Reorientation, *Research in Organizational Behavior*, 7, pp.171-222.

山岡徹（2015）『変革とパラドックスの組織論』中央経済社

内野崇（2006）『変革のマネジメント　組織と人をめぐる理論・政策・実践』生産性出版

📖 もっと学びたくなった人のために推薦する本

Kotter, J. P. (1996) *Leading Change,* Harvard Business School Press. （梅津祐良訳『企業変革力』日経 BP 社，2002 年）

推薦理由：組織変革の 8 段階のプロセス・モデルが詳細に説明されている。もっと端的に理解したい人には，J. P. コッター & H. ラスゲバー著，藤原和博訳『カモメになったペンギン』（ダイヤモンド社）がおすすめである。

山岡徹（2015）『変革とパラドックスの組織論』中央経済社

推薦理由：組織変革論の全体像をつかむことができ，変革に付随する組織のパラドックスが理解できる。

松尾睦（2021）『仕事のアンラーニング―働き方を学びほぐす』同文舘出版

推薦理由：最後に取り上げた個人のアンラーニングについて，ショートケースをあげながら丁寧に記述されている。

第 **7** 章

現場から組織を変える

- 組織の潜在的な力を引き出すためにはどうしたらいいでしょうか。
- 自分の掲げている問題・課題に他人にも自分事のように関心をもってもらい，協力を引き出すためにはどのように働きかければいいでしょうか。

🔑 キーワード

組織開発，計画的変革，創発的変革，
アプリシエイティブ・インクワイアリー（AI），ワールドカフェ

1. ストーリー「周囲を巻き込む仕掛け」を読む

[プロローグ]

　立ち止まることは許されない。それは，この会社の不文律として共有されている暗黙の了解だ。社員全体が多忙を極めるなか，長年温めてきた構想が社内コンペで経営陣に評価され，今回発足したプロジェクトチームは，社運をかけて組織横断的に知を結集して作り上げなければならない新サービスで，自分はそのリーダーに抜擢された。会社から認められたことが，何よりも自分のモチベーションにつながった。意気揚々とプロジェクトをスタートさせたのだが，後に周囲からうまく協力を引き出すことができない日々に苦悩することになるなんて，この時は想像すらできなかった。

[プロジェクト初期]

　トップからお墨付きをもらったプロジェクトなので，トップダウンで各部門から優秀なスタッフをプロジェクトのメンバーに迎え入れることができた。「すごい，各部門のエースが一堂に会している。このメンバーなら，プロジェクトは成功したのも同然だ」，そうキックオフミーティングの冒頭で確信しながらも，メンバーに新サービスの概要を説明した。これまでわが社では，顧客企業から注文を取り付けるのは営業部，受注後は開発部に橋渡しして顧客のニーズにあったシステムを構築してもらい納品して，納品後のシステムの運用方法の教育やメンテナンスなどのアフターサービスは，サポート部が引き取っていた。いわゆる職能別の役割分業体制が敷かれていたのである。しかし，新サービスでは，顧客企業ごとに，これらの各職能が一つのチームを作り，受注から開発，そしてアフターサービスに関与してもらう体制を敷く。この方が，顧客にとっては，最初から最後まで対応してくれるメンバーの顔ぶれが変わらず安心してシステムの導入や運用が行え，またわれわれとしても職能ごとのセクショナリズムに陥ることなく情報が共有でき，多角的な提案やサービスが顧客に対して提供できるメリットがあった。

　まずは，こうした新体制のアイデアをプロジェクトメンバーを通じて，所属

している部門で説明してもらい，各部門の反応を確認してもらった。すると，後日のミーティングではどの部署でも極めて冷ややかな反応しか返ってこなかったという報告を異口同音に受けた。「そりゃそうだよな。社員全体が目の前にある仕事をこなすだけで精一杯な状況が常態化しているうちの会社で，これまで慣れ親しんでいた業務フローの変更に伴い，新たに業務に携わる方法を学習している時間的かつ精神的なゆとりなどあるはずもない」。自分が逆の立場なら拒絶反応を示すだろうし，ある意味想定内のリアクションだった。

［きっかけ］

　そこでまず，新体制に移行した場合のサービスを受ける顧客のメリットに加え，サービスを提供する従業員側のメリットについてまとめることにした。新体制への移行に伴い支払わなければならない学習コストの対価として享受できる恩恵を具体的に説明しない限り，納得してくれるはずなどないからである。プロジェクトメンバーたちと膝をつき合わせながら説明のためのプレゼン資料を作り込み，満を持してプロジェクトのリーダーである自分がメンバーを引き連れて直々に各部門を説明しに回った。すると，はなから拒否反応を示していた人たちが，徐々にではあるが耳を傾けるようになってくれた。そのことに手応えを感じた自分は，「情熱をもって繰り返し説得すれば，きっとやがて理解してくれる」，そう確信するに至った。各部門から新体制に向けて浴びせられた批判やネガティブなポイントを回避するためにプレゼン資料を修正しては，再び各部門を行脚する旅に出ることを繰り返していた。

　しかしながら，一定の理解は示してくれるものの，納得して行動に移す状況にはなかなか至らず，むしろ各部門に評論家を生み出し，新体制のデメリットを深くえぐられる場面が少なくなかった。日々のルーティンワークをこなしながらプロジェクトを同時並行して走らせていたため，状況を打破できないまま半年が過ぎていた。1 年というプロジェクト期間の折り返し地点を過ぎてなお遅々として進まないプロジェクトに，メンバーのなかには事態を達観する者も出てきた。「周囲を説得するだけのロジックとエビデンスは取りそろえたつもりなのに，なぜ抵抗勢力の勢いは衰えないのだろう」，焦燥感に押しつぶされ

そうな自分に，メンバーの一人が愚痴めいてつぶやいた。「結局プロジェクトに最初から関与していない人たちにとってはいつまでも他人事で，評論家から抜け出さないんじゃないですかぁ……」。ハッとさせられたのと同時に，「これだ」とある種のひらめきが脳裏をよぎる瞬間でもあった。

［胎動］

　各部門をプレゼン巡業して歩き，ネガティブフィードバックをもらいながらプロジェクトのメンバーで修正を繰り返す負のループを断ち切るためには，むしろ各部門の評論家たちを一堂に集めて，プロジェクトチームが発案した内容を一度リセットして，「顧客とわが社の従業員双方が Win-Win になる新サービスの開発」というテーマで，自由にアイデアをいってもらう場を設けた。そして，彼・彼女らの意見を吸い上げて可視化することにプロジェクトの役割を劇的に変更した。各部門の評論家たちは自分たちのアイデアがプロジェクトメンバーによって具現化されてくると，責任感が徐々に芽生え評論家気取りではいられなくなっていった。思いつきのアイデアだけでなく，そのアイデアの実現可能性を検証するような資料作成など，プロジェクトから仕事を振っても，次第に「ノー」とはいわずに楽しみながら引き受けてくれるようになった。

　結果として，新サービスは当初プロジェクト内のメンバーだけで発案した内容よりも，革新性や実現可能性など，どの切り口から評価しても優れたものへと洗練されていた。しかも，こうした過程で，多くの従業員がわが社の強みや潜在力を再確認することができた。加えて，マルチタスクで多忙の極みのなかであっても，自分たちが主体的・自律的に取り組んでいたので，その過程は苦痛というよりも，むしろ楽しみや喜びに満ちていた。おそらく，日々の反復的で定型的なルーティンワークをこなす退屈さを，創造的な仕事の充実感で相殺していたのだろう。新サービスは当初の予定よりも半年遅れた1年半後にスタートし，みな満ち足りた表情で運営に携わっている様子を尻目に，プロジェクトは終わりを告げた。

　限られた人だけで問題・課題を発見・解決しようとする試みは，プロジェクトを短期間で完遂することを可能にしてはくれるかもしれないけれど，置き去

りになってしまう多くの人たちからコミットメントを得づらい。むしろ，組織
に潜在する強みや力を発掘・導出する試行錯誤のプロセスは，なるべく多くの
人に関与してもらった方が結果的に近道である場合が少なくない。「早く行き
たければ，一人で行け。遠くまで行きたければ，みんなで行け」，プロジェク
トを率いた自分にとってそんな古の諺を考えさせられる経験だった。

ストーリーに潜む教訓を考える

- 自分のアイデアに対して懐疑的な人や反対する人を説得し，そのアイデアを実現するために協力を取りつけるためには，どのような点に配慮すべきでしょうか。
- 組織全体に横たわる問題・課題の解決に向けてメンバー全員を巻き込むためには，どのような方法があるでしょうか。
- 組織の有する潜在力や優位性を発掘したり引き出したりするためには，どのような過程を経る必要があるでしょうか

2.　背後にあるロジックを知る

　ストーリーを読んでわかるとおり，組織に長年染みついている業務手続きや
慣習を変更することは一筋縄にはいかない。新しい方法を学習するにはさまざ
まなコストが発生し，年齢を重ねるたびにそうした学習コストを支払って挑戦
する気持ちが衰え，人は変化に対する抵抗力が徐々に失われていく生き物だか
らである。組織に浸透している既存の規則や制度を変更し，メンバーの行動変
容を促す方法論や方法を探求する研究領域を，組織変革（organizational change）
と呼ぶ。本節では，組織変革に関する研究の成長発展の歴史や種類について概
説した後，そのなかでもとりわけ組織変革を一人称，すなわち私・私たちの事
として推進する組織開発論（organization development theory）を取り上げ，その
具体的な手法を紹介しよう。

2.1　組織変革に関する研究の発展と種類

　組織変革に関する研究の成長・発展の足跡をたどると，組織観やそれに伴う

変革プロセスの捉え方について，研究者によっていくつかの立場が存在する。環境や組織を静的で線形的なものと見なし，したがって客観的で合理的な手続きを踏むことで計画的変革（planned change）が実現できるとする立場と，反対に動的で非線形な環境観や組織観を前提に，逸脱や偶発的な行為を促進する状況の整備を通じて現れる創発的変革（emergent change）が生成されると考える立場がある（たとえば Burnes, 2009; Tsoukas & Chia, 2002）。これに関連して，組織メンバーの行動やマインドセットは急に変わらないので変革を徐々に遂行していく漸進的変革（incremental change）ないし連続的変革（continuous change）と，時間をかけて変革を推進していると環境不適合が深刻化するため短期間に変革を完遂する急進的変革（radical change）ないしは非連続的変革（discontinuous change）との2種類が存在する（たとえば Bamford & Forrester, 2003; Orlikowski, 1993; Samal & Chatterjee, 2020）。

　組織変革に関する研究は，レヴィン（Lewin, 1951）を始祖とするグループ・ダイナミクスを基盤に展開された組織開発論にその萌芽がみられる。彼の3段階モデル（「解凍（unfreezing）」—「移行（moving）」—「再凍結（refreezing）」）は現在でも頻繁に引用され，その後リーピットら（Lippitt, Watson & Westley, 1958）によってモデルがさらに開発されていくことになる。こうした初期の組織変革に関する研究は，先述した静的な環境観を，それゆえどちらかといえば統制可能な組織観を有し，計画的変革の変革観が横たわっていた。

　これに対して，70年代のオイルショックや日本企業の世界的攻勢により米国の経営環境がより動的になり，したがって組織は統制可能なものというよりはむしろ混沌としたものとして仮定されるようになると，変革は客観的かつ合理的に計画して行われるというよりも，むしろ組織全体から自生的あるいは創発的に生成されるものとして見なされる傾向が強くなる（Burnes, 2009）。こうした文脈のなかで，80年代以降は変革の行為主体に着目するエージェント論（たとえば Burgelman & Sayles, 1986; Kanter, 1983）や組織ルーティンと変革過程との関係を捉えようとした組織文化論（たとえば Schein, 1985）や組織学習論（たとえば Argyris & Schön, 1978）など，組織変革に関連する多様な理論やモデルが登

場するようになる。これらの研究は，対象とする組織変革の要素はまちまちで
はあるが，変革を実施する際，合理的で計画的に組織へ直接介入するのには限
界があり，結果として変革を促すような触媒機能としての行為主体や組織過程
のインフラ整備に主眼の置かれた研究が散見されるようになる。

　ハッチ（Hatch, 1997）は，こうした計画的変革と創発的変革，あるいは急進
的変革と漸進的変革など，組織変革に対する二分法的な理解を乗り越える視座
として，組織変革に対するシンボリック解釈（symbolic interpretive）アプローチ
やディスコースに着目し脱構築を目指すポストモダン（postmodern）アプロー
チを提案している。たとえば急進的変革と漸進的変革とを一つのモデルに組み
込んだ進化論的変革論（たとえば Nadler et al., 1995; Tushman & O'Reilly III, 1997）が
提起されたり，シャイン（Schein, 1985）のモデルにシンボリック解釈プロセス
を組み込むことで，物的表象の変更を通じた行動変容を促す新たなモデルなど
が提示されている（Hatch, 1997）。後者に関して，近年オフィスで導入されてい
るフリーアドレス制や，部屋の壁をガラス張りにしたり取り払うことでコミュ
ニケーションチャネルの変容を促すことが積極的に実践されている事実から
も，モデルの妥当性は高いものといえるだろう。また，詳細は次項で触れる
が，ポストモダンというパラダイムを支柱として社会構成主義による組織変革
論（構築的変革）が台頭してくるようになる。

　雑ぱくに組織変革に関する研究の成長発展の軌跡をたどってきたが，これら
の流れを簡単にまとめると表 7-1 のように示すことができる。

表 7-1　組織変革に関する成長発展の軌跡

時代区分	環境観	組織観	変革観	具体的な理論・モデル
初期（主に〜70 年代）	静的	統制的	客観的・合理的 ⇒計画的変革	グループダイナミクス・旧組織開発論等
中期（主に 80 年代）	動的	混沌的	主観的・非合理的 ⇒創発的変革	変革エージェント論・組織文化論・組織学習論等
後期（主に 90 年代〜）	静動的	構成的	相互主観的 ⇒構築的変革	進化論的変革論・新組織開発論等

出所）筆者作成

2．2　組織開発論の進展

　組織開発は，前項で触れたように組織変革に関する萌芽的研究に位置づけら
れているが，70 年代後半から表 7-1 で組織変革研究の中期に位置づけられて
いる 80 年代初頭になるとさまざまな理論やモデルが登場するのと反比例して，
組織開発の研究は下火になっていく（Burnes, 2009)。しかしながら，ポストモ
ダンという大きなパラダイムシフトが起きるなかで，社会構成主義が台頭し，
その影響を強く受けた新しい組織開発論が生起するようになる。社会構成主義
とは，社会や現実が客観的に存在するのではなく，人々の間で相互に意味が与
えられ間主観的に存在すると仮定する。このとき，意味を媒介するものは人々
の発する言説（discourse）なので，人々による言説が組織や現実を作り上げて
いるプロセスに着目すると同時に，言説自体が人々によって組織的に構築され
ているプロセスに着目することが重要とされている（Grant et al., 2004)。したが
って，従来の計画的変革や創発的変革に対して構築的変革と呼ぶことができ，
その肝は組織メンバーによる言説の発話方法や発話機会を変容させることによ
って新たな意味を創造することで，組織変革を促そうと試みることにある。

　また，臨床心理学におけるポジティブサイコロジーというパラダイムからも
新しい組織開発論は色濃く影響を受けたとされている。従来の臨床心理学の治
療方法では，患者が精神疾患を患った原因を特定し，それを取り除くことが第
一目標とされてきた。しかし，原因を追求しそれを排除しても短期的には治癒
するが，また再発する可能性が高く効果が疑問視されていた。そこで，患者の
ネガティブな要因（問題・課題）に着目するのではなく，ポジティブな部分（長
所・潜在力）に注目し，それを引き出し本人に認知させることで回復を目指す
試みがなされるようになった。これがポジティブサイコロジーである。

　実は初期の組織開発論（以下旧組織開発論と呼称）と 80 年代後半から登場する
新しい組織開発論（以下新組織開発論と呼称）の相違は，表 7-2 にあるように，上
述した臨床心理学における新旧の方法の対比として捉えられる。

　旧組織開発論では，従来型の臨床心理学の方法と同様に，業務効率の低下や
売上高の落ち込みなど，組織に何らかの問題・課題が生じた場合，その原因を

表 7-2　新旧の組織開発論の相違

	旧組織開発論	新組織開発論
組織観／変革観	客観的／計画的	間主観的／創発的
変革の目的	問題や課題の発見・解決	理想や潜在力の発見・実行
変革の強調点	行動様式の変容	思考様式の変容
変革の関与者	一部のメンバー 例）プロジェクトチームやコンサルタント	メンバー全体 例）組織全体や下位組織のメンバー全員

出所）福原（2019）p.187

探り取り除いていくことが目的となる。そのため，組織横断的なプロジェクトチームあるいは外部コンサルタントが問題・課題の解決に取り組むこととなる。変革に関与する一部のメンバーによる問題解決の過程において，他のメンバーの行動様式が変わり組織が変容すれば，変革は成功したことになる。

　一方，新組織開発論は，組織に横たわる問題・課題，すなわち組織病理を発見・治療するというよりは，組織に潜在している競争優位の源泉や能力を発掘し，そうした組織のポジティブな部分をさらに強化することが主目的となる。そのため，メンバー全員で所属している部門や組織全体の理想像や潜在力について話し合い，その実現に向けた各々のアクションプランの作成と実行が求められる。したがって，メンバーの自律性や主体性を引き出す必要があり，組織や仕事に対する関わり方そのもののマインドセットの変貌が変革において重要性を帯びてくる。

　ブッシュ＆マーシャク（Bushe & Marshak, 2009）は，このような旧組織開発論と新組織開発論を，それぞれ診断型（diagnostic）組織開発と対話型（dialogic）組織開発とラベリングして，表 7-3 にあるように両者の違いを指摘している。

　このように新旧の組織開発論は，変革の目的や主要概念がまったく異なることが理解できただろう。そして，これまでの文脈だと，旧組織開発は劣っていて，新組織開発が優れているかのような印象をもたれるかもしれないが，必ずしもそうではないということに注意を喚起しておきたい。組織開発には，組織を常に健全な方向へ導くために絶え間なく改善をしていく側面と，深刻な組織

134

表 7-3　診断型組織開発と対話型組織開発の相違

	診断型組織開発	対話型組織開発
支配的な組織観	組織＝生命体	組織＝意味生成システム
変革を構成する概念	・常に目的論的 ・客観的な問題解決の方法を用いながら有効なデータを収集し適用することが変革につながる ・変革は創造され，計画され，管理され得るものだ ・変革は一時的，線形的で目的試行的である	・しばしば対話的で弁証法的 ・生成的なアイデアを生み出すためのコンテナやプロセスを創造することが変革につながる ・変革は促進され得るものだが主に自己組織化となる ・変革は継続的で循環的なものかもしれない
変革の焦点	行動や人々がすることを変革することを重視	マインドセットや人々の考えることを変革することを重視

出所）Bushe & Marshak（2009）p.357 を一部抜粋

　病理に冒され瀕死状態，たとえば企業であれば倒産の危機に直面していて短期間でV字回復をしなければならない改革という側面とが存在し，前者には新組織開発論が適しており，後者に対して旧組織開発論をもって対処せざるを得ないだろう。つまり，新組織開発論は予防医学であるのに対して，旧組織開発論は治療医学という医療メタファーで表現できる。なお，旧組織開発論を含めたトップが変革を主導しつつメンバーにその変革を自分事化させる組織変革の詳細については，第6章で考察されているのでそちらを参照してほしい。

　次項では，新組織開発論の具体的な方法を紹介しながら，組織のメンバー一人ひとりが主体的・自律的に変革に関与する，すなわち一人称（私・私たち）として組織変革にコミットさせる仕掛けを紹介することにしよう。

2. 3　一人称としての変革推進の方法

　新組織開発論は，前項でも述べられたように，旧組織開発論が一部の人たちによって変革が遂行されるのとは異なり，組織全体を変革に関与させる姿勢を採用することから，ホールシステムズ・アプローチと呼ばれる。ホールシステムズ・アプローチに分類される手法には，フューチャーサーチやオープン・スペース・テクノロジー，ホール・スケール・チェンジあるいはアプリシエイテ

ィブ・インクワイアリー等が存在するが，これらのなかでも実務家ではなく研究者によって開発されたクーパーライダーら（Cooperrider & Srivastva, 1987; Cooperrider & Whitney, 2005）のアプリシエイティブ・インクワイアリー（肯定的質問：Appreciative Inquiry 以下 AI）を本項では取り上げる。

　AI とは日本語に訳すと「肯定的質問」になるが，この訳語の字義どおり，まだ見ぬ組織の潜在力や競争優位となる中核的能力（AI ではポジティブコアと呼ばれる）にたどり着くまでの道程において，組織メンバーが積極的に語りやすくするよう，一貫して肯定的な態度が求められる。その変革プロセスは，大きく 4 つの段階（英語の頭文字をとって 4D サイクルと呼ばれる）から構成されているが，準備的な段階として，「肯定的話題（affirmative topics）の選定」がまず行われる。ここでは，話題の目的を「もしあなたが○×を望むなら」，その目的を達成するための方法を「あなたは△□を選んで検討するかもしれない」という問いを投げかけることで，自由に回答させることから始められる。冒頭のストーリーでいうなら，「あなたが，これまでにない革新的な顧客サービスの提供，を望むなら」，「あなたは，①顧客が最高の幸せをつかむ方法，と同時に②従業員も最高の幸せをつかむ方法，そして③これら両方を実現する方法，を選んで検討するかもしれない」という感じになるだろう。この例からもわかるとおり，話題の目的を一つ選定していたら，その目的達成の検討項目を 3〜5 つ程度設定する。

　また，肯定的話題の選定は，自分事として変革を捉え変革始動後のプロセスに主体的にコミットしてもらうためにも，なるべく組織のメンバー全体に関与してもらうことが求められる。この時，一対一の個人単位のインタビュー形式だと膨大な時間を要するし，かといってチームや部門のような集団単位で意見を吸い上げると，発言をしないフリーライダー問題が懸念される。そこで，個々の意見を蔑ろにすることなくグループ単位で話し合いを進め，その話し合われた内容を他のグループでも共有させ，話題の理解を深めていくワールドカフェのような手法が利用される場合が少なくない。ワールドカフェとは，ブラウン＆アイザックスら（Brown, Isaacs & WORLD CAFE COMMUNITY, 2005）が開

表7-4　コミュニケーションの種類

討論（debate）	誰の意見が正しいかを決める話し合い
議論（discussion）	合意形成や意思決定のために納得解を決める話し合い
対話（dialogue）	新たな関係性や意味を構築する話し合い
雑談（chat）	特定の目的をもたずに情報交換する話し合い

出所）安斎・塩瀬（2009）p.26 を筆者が加筆修正

発した組織活性化のコミュニケーションツールであり，表7-4 に示されている
コミュニケーションの種類のなかの「対話（dialogue）」を中心に据えた組織の
基盤作りを目的とする所にその特徴がある。対話を成立させるコミュニケーシ
ョンの作法として，他者の意見を傾聴し肯定して多様な意見を尊重する姿勢を
もち，アイデアを引き出すようなファシリテートを行う必要がある。

　次の段階は，「発見（Discovery）」と呼ばれ，組織メンバーから出された肯定
的話題を肯定的質問へと変換する。その変換過程は，肯定的話題を紹介する前
置き（lead-in）と肯定的話題を異なる観点から探究するための補助質問（sub-
questions）を 2 ～ 4 つ設定する。この補助質問には，1）これまでで最高の時
（highpoint）の経験を思い出させるような過去に遡る質問（backward questions），
2）この最高の経験がもたらされた要因に気づきを与える内側に向けられた質
問（inward questions），3）肯定的話題が最善の状態で実現されている未来が想
像できるような将来に向けられた質問（forward questions），そして4）想像され
た未来を回顧する変遷の質問（transition questions）のような種類が存在する。
そして，これらの質問をまとめてインタビュー（アプリシエイティブ・インタビュ
ーと呼ばれる）のための質問票を作成する。先述したストーリーにたぐり寄せて
選定された肯定的話題の①「顧客が最高の幸せをつかむ方法」を例に考えれ
ば，これらは表7-5 のように例示できるかもしれない。

　クーパーライダーら自身も述べているように，この「発見」が変革をつまず
かせないために AI において最も重要なステージだと位置づけられている。メ
ンバーの相互理解を通じて承認欲求が満たされるとともに，対話を通じて何で
も言い合える心理的安全が構築されるステージだからである。

表7-5　肯定的質問の例

肯定的話題：顧客が最高の幸せをつかむ方法	
前置き	当社が最善の状態である時，さまざまな顧客のかゆいところに手が届くような多種多様なサービスを提供します。こうした顧客満足度の高いサービスを提供できる従業員のための育成プログラムが準備されており，プログラムを通じて得た知識と現場での実践が彼・彼女らの自己効力感を高めると同時に，相互にサポートし合うチームワークも磨かれます。その結果，従業員間で経験知を共有することが促進され，各々のホスピタリティはスパイラルに成長・発展する好循環を生み出します。その結果，顧客に最高のサービスが提供され，その噂が周囲に伝わると当時に当社のブランド力も高め，さまざまなステイクホルダーから賞賛されるようになります。すると，ますます自己効力感が向上し，モチベーションが促進され，従業員が最高の幸せをつかむことに寄与します。
補助質問	1) 過去に遡る質問：あなたがこれまでの経験のなかで顧客に「あなたが担当者で本当に良かった」といわれた時のことを思い出してみてください。その時はどのような状況で，あなたはどのような精神状態で，どういう貢献ができましたか？ 2) 内側に向けられた質問：あなたはその経験を通じて何を学びましたか？その経験が今のあなたの顧客サービスにどのような影響を及ぼしていますか？ 3) 将来に向けられた質問：来期あなたが顧客満足度調査で最高得点を獲得し当社のベストサービスリワードを受賞したと想像してください。受賞を可能にさせるのに，あなた自身や当社のなかでどのようなことが起こっているでしょうか？ 4) 変遷の質問：受賞から振り返ってみて，あなたやこの会社が顧客満足度の向上に貢献した引き金は何でしたか？

出所）Cooperrider & Whitney（2005）を参考に筆者作成

　「発見」の次の段階は，一度現実から離れて，理想とする組織の未来像をみんなで描く「夢（Dream）」となる。この段階でも，理想の未来に目を向けさせる質問を対話を通じて組織全体で行い，組織の理想的未来をドキュメントにして可視化する。可視化された理想的未来を現実のものとするため，具体的な目標や計画の設定などロードマップを作成する段階が，次の「設計（Design）」である。この段階の最後では，理想的未来の実現に向けたメンバーの行動を誘発する声明文（provocative proposition）を記述させる。その内容は，あたかも現在進行形で実践されているかのような書き方をさせることが肝要となる。最後の「運命（Destiny）」では，1)「設計」までの過程を振り返ると同時にここまでたどり着いた自分たちを賞賛し，2) 可視化された実行計画書をもとにさらなる

アクションプランを作成しそれを実行に移すプロジェクトチームを発足させ，3）そのプロジェクトチームをサポートすると同時に次なる「発見」に向けて肯定的質問を探し出すことが主に行われる。

このようにアプリシエイティブ・インクワイアリーは，その一連のプロセスに肯定（appreciation）が貫徹されているが，だからといって，肯定的質問や組織の肯定的側面にばかり目を向けてさえいれば良いわけではないことを最後に指摘しておきたい。人が短所を認識することでより一層長所を強く意識するのと同様に，組織も影をもって光とのコントラストが強調されるものである。それゆえ，あえて批判的質問（critical inquiry）を投げかけることによって，当たり前のように信じられてきた組織ルーティンを内省して新しい意味をあてがう脱構築の可能性がある（Grant & Humphries, 2006）。また，民主主義的な対話を通して理想とする組織像が探索されるプロセスにあって，多数派にとって都合の良い意味が政治的に言説を媒介して生成されてしまうリスクだってあるだろう。むしろ変革の過程で看過されがちな少数派の声に傾聴する余地は，あえて批判的質問によって内省できる可能性もある（福原, 2013）。それゆえ，肯定的話題の選定や発見のような AI の初期段階にこそ，あえて批判的質問を挟むことの有効性が実証的に明らかにされている（Ridley-Duff & Duncan, 2015）。これま

図7-1　アプリシエイティブ・インクワイアリーの 4D サイクル

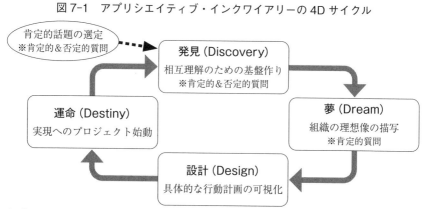

出所）Cooperrider & Whitney（2005）p.48 および Ridley-Duff & Duncan（2015）p.1595 をもとに筆者が加筆修正

でのAIのプロセスを視覚的に示すと図7-1になる。

　時を最初に戻そう。「彼・彼女（ら）」という三人称は，組織変革を他人事として表象する言説そのものである。本章では，この組織変革に対して評論家を決め込むメンバーを，「私（たち）」という一人称として関与させるロジックについて，冒頭のストーリーを踏まえながら説明してきた。当事者意識をもって変革に関与させるには，対話というコミュニケーションスタイルを採用し，相互の信頼関係を構築して，変革というプロジェクトに飛び込んできてもらう素地を作り出すことが第一前提だった。また，変革を進行するプロセスにおいて，ネガティブワードはなるべく使わずに，ポジティブワードに変換する姿勢の重要性にも読者の皆さんは気づいただろう。人はついつい「ウザイ」とか「メンドクサ」というネガティブワードを発してしまいがちだが，そんな言葉を飲み込んで，何でも構わないので自分のできることから始めてみる，そんな第一歩が自分や組織を変容させる引き金になることを最後に強調したい。

本章を読んで今すぐ実践できることを考える

- 集団や組織の運営において，今あなたが直面している問題・課題を書き出してみましょう。
- その書き出された項目を解決した先に待っているユートピア（理想像）を描いてみましょう。
- そのユートピアを実現するためにすぐに取り組める事柄を書き出してみましょう。

参考文献

Argyris, C., & Schön, D. A. (1978) *Organizational learning: a theory of action perspective*, Addison-Wesley Pub. Co.

Bamford, D. R., & Forrester, P. L. (2003) Managing planned and emergent change within an operations management environment, *International Journal of Operations and Production Management*, 23 (5), pp.546-554.

Brown, J., Isaacs, D., & WORLD CAFE COMMUNITY (2005) *The World Café: Shaping Our Futures Through Conversations That Matter*, Berrett-Koehler Publishers.（香取一昭・川口大輔訳『ワールド・カフェ―カフェ的会話が未来を創る』ヒューマンバリュー，2007年）

Burgelman, R. A., & Sayles, L. R. (1986) *Inside corporate innovation: strategy, structure, and managerial skills*, Free Press.（海老沢栄一・小山和伸訳『企業内イノベーション—社内ベンチャー成功への戦略組織化と管理技法』ソーテック社，1987 年）

Burnes, B. (2009) Reflections: Ethics and Organizational Change-Time for a Return to Lewinian Values, *Journal of Change Management*, 9 (4), pp.359–381.

Bushe, G. R., & Marshak, R. J. (2009) Revisioning Organization Development: Diagnostic and Dialogic Premises and Patterns of Practice, *Journal of Applied Behavioral Science*, 45 (3), pp.348–368.

Cooperrider, D., & Srivastva, S. (1987) Appreciative inquiry in organizational life, in W. A. Pasmore & R. W. Woodman (eds.), *Research in organizational change and development*, 1, pp.3–27, Greenwich, CT: JAI Press.

Cooperrider, D. L., & Whitney, D. (2005) *Appreciative inquiry: A positive revolution in change*, San Francisco, CA: Berrett-Koehler Publishers.（市瀬博基訳『AI「最高の瞬間」を引き出す組織開発—未来志向の"問いかけ"が会社を救う』PHP 研究所，2006 年）

福原康司（2013）「組織の変革とディスコース—『変革化』論への転回と批判的ディスコース分析の検討」『専修経営学論集』96，pp.15-30

福原康司（2019）「第 10 章　組織の風土と開発」高橋正泰監修，竹内倫和・福原康司編『ミクロ組織論』学文社

Grant, D., Hardy, C., Oswick, C., & Putnum, L. (eds) (2004) *The SAGE Handbook of Organizational Discourse*, SAGE Publications.（高橋正泰・清宮徹監訳『ハンドブック　組織ディスコース研究』同文舘出版，2012 年）

Grant, S., & Humphries, M. (2006) Critical evaluation of appreciative inquiry, *Action Research*, 4 (4), pp.401–418.

Hatch, M. J. (1997) *Organization Theory: Modern, Symbolic and Postmodern Perspectives*, Oxford University Press.

Kanter, R. M. (1983) *The change masters: Innovations for productivity in the American corporation*, Simon and Schuster.（長谷川慶太郎監訳『ザ・チェンジ・マスターズ—21 世紀への企業変革者たち』二見書房，1984 年）

Lewin, K. (1951) *Field Theory in Social Science: Selected Theoretical Papers* (ed. Cartwright, D.), New York: Harper and Row.（猪股佐登訳『社会科学における場の理論』誠信書房，1956 年）

Lippitt, R., Watson, J., & Westley, B. (1958) *The dynamics of planned change*, New York, Harcourt, Brace and World, Inc.

Nadler, D. A., Shaw, R. B., Walton, A. E., & Associates (1995) *Discontinuous change: leading organizational transformation*, Jossey-Bass.（平野和子訳『不連続の組織変革—ゼロベースから競争優位を創造するノウハウ』ダイヤモンド社，1997 年）

Orlikowski, W. J. (1993) CASE Tools as Organizational Change: Investigating Incremental and Radical Changes in Systems Development, *MIS Quarterly*, 17 (3), pp.309–340.

Ridley-Duff, R. J., & Duncan, G. (2015) What is critical appreciation: Insights from studying the critical turn in an appreciative inquiry, *Human Relations*, 68 (10), pp.1579-1599.

Samal, A., & Chatterjee, D. (2020) Rethinking Organizational Change: Towards a Conceptual Framework, *South Asian Journal of Management*, 27 (2), pp.30-53.

Schein, E. H. (1985) *Organizational culture and leadership: a dynamic view*, Jossey-Bass Publishers.（清水紀彦・浜田幸雄訳『組織文化とリーダーシップ—リーダーは文化をどう変革するか』ダイヤモンド社，1989 年）

Tsoukas, H., & Chia, R. (2002) On Organizational Becoming: Rethinking Organizational Change, *Organization Science*, 13 (5), pp.567-582.

Tushman, M. L., & O'Reilly Ⅲ, C. A. (1997) *Winning through Innovation*, Harvard Business School Press.（斎藤彰悟監訳，平野和子訳『競争優位のイノベーション—組織変革と再生への実践ガイド』ダイヤモンド社，1997 年）

📖 もっと学びたくなった人のために推薦する本

中原淳・中村和彦（2018）『組織開発の探求—理論に学び，実践に活かす』ダイヤモンド社
推薦理由：組織開発の理論と実践が網羅的に紹介されている。

香取一昭・大川恒（2009）『ワールド・カフェをやろう』日本経済新聞出版社
推薦理由：対話を通じた信頼関係構築のための実践的手法が理解できる。

安斎勇樹・塩瀬隆之（2020）『問いのデザイン—創造的対話のファシリテーション』学芸出版社
推薦理由：生産的な対話の場を創出するための良質な設問を考えるヒントになる。

第 **8** 章

制度を巧みに利用する

事前学習のために問いを立てる

● 制度は所与のもの（すでに与えられたもの）として存在し，一個人の努力によって変えることは難しいものでしょうか。
● 制度を巧みに利用して変革やイノベーションを起こすことはできないでしょうか。

🔑 キーワード

制度派組織論，同型化，制度領界，制度的企業家，制度論理，
正当性，官僚制

1．ストーリー「企業理念は自己正当化の大事な資源」を読む

［プロローグ］

　このプロジェクトは，暗中模索のなかで発足し，3年近くもの歳月を経て新サービスとして日の目をみることができた。平均在職期間が5年という入れ替わりの激しいわが社にあって，かなりロングランのプロジェクトといっても過言じゃない。そうした状況においてプロジェクトを成功ならしめたものは，トップダウンの風が強く吹き下ろす社風のなかで，ボトムアップの余地を見出せた共通基盤，あるいはこの会社のDNAともいえるものの存在だった。

［起動］

　このプロジェクトの礎になった以前のカスタマーサービスの導入による効果は，5年ほど前から現れ顧客満足度は飛躍的に向上した。しかしながら，以前のサービスはエンジニアたちにサポート知識の拡充を要請し，しかも対応するサポート人員を増やす必要があったので，結果としてサポートコストの負荷が極めて高くなり，およそ3億円もの予算超過をもたらしていた。そんな矢先，たまたま本社に出向く機会のあった私は，これを機にコスト高になってしまった説明責任をトップに対して果たそうと，重たい足取りで一路東京へと向かったのである。

　誹謗中傷を覚悟のうえ，一連のプロセスを社長に説明する私に，社長が開口一番に発した言葉は意外にも，「すばらしい」だった。大きな予算超過という痛手を負いながらも，蓋を開けてみれば社内で優秀な成果をあげた者に与えられるMVP賞が授与され功績を讃えられる。「トップの提示しているビジョン，すなわち顧客満足度の向上に基づいた活動を貫徹し，成果をきちんと説明できさえすれば，社員が自律的にチャレンジすることに対してこの会社は応えてくれる」，そう感得する経験だった。「後はコスト・オペレーションを考慮して前進あるのみ」，そんな新しいカスタマーサポートのサービスの在り方について確信めいた方向づけが定まった瞬間でもあった。

[水面下]

　MVP を受賞し周囲からの賞賛が，結果として「次なる一手」を打つような心理的プレッシャーとしてのしかかることになる。と同時に，従来の一対一式のサポート・サービスにおけるコスト削減の限界も肌で感じていた。そこで想起した新たなアイデアが，複数対複数式であった。この新たな前提にたぐり寄せて，「自分たちの顧客はいったい誰なのか？」や「顧客は何を求めているのか？」に考えをめぐらせながら，顧客のペルソナを明確にするためのリサーチ活動が口火を切る。既存の事業に紐付いている予算の余剰金のなかから，まるで消しゴムのカスを集めるがごとく予算をかき集めながら，粛々と水面下で次代のサポートを模索するプロジェクトが走り始めた。

　顧客を再定義するにあたり，徹底的に市場調査を行い，次第にいくつかのペルソナをあぶりだした。そのペルソナのなかから，「本当にサポートを必要としている人は誰だろう？」と突き詰めた結果，専業主婦やシニアに焦点を当てることになる。彼女・彼らは，パソコンに関する不具合が生じた場合に気軽に質問できる人が身近にいない。そうした層にスポットを当てた際のサポート・システムについて，さらなるブレーンストーミングが繰り返された。とりわけ，20 ～ 30 代の専業主婦層は，知識が乏しいためにサポートセンターへの電話問い合わせには腰が引けてしまうのだが，パソコンに対する好奇心は旺盛で，今後サポートの在り方を熟慮する際，彼女らのニーズは，その輪郭をより鮮明にしてくれるものであった。複数対複数のフレームワークをもつメガネをかけて主婦やシニア層を眺めた結果，サポート対象の開拓と費用対効果の両面から，敷居の低いネット・コミュニティを通じた新サポート・サービスの青写真がようやく描けるようになった。そして，全社的な新しいサービス導入のために，正式な予算を取りつけるため本社に再び乗り込むことになった。

[逆訴求]

　ベンチャー企業であるうちの会社は，金という経営資源が潤沢にあるとはお世辞にもいえない。だからこそ，本社から予算承認を勝ち取ることは，至難の業である。そうした壁を突破する術は，以前のサービスを成功させた経験のな

かで，本社の意向に自分たちの活動理念を乗せることがプロジェクト成就の秘訣であることは気づかされていた。その際，自分たちの活動を正当化する基盤，つまり会社の方向性と自分たちのプランのベクトルとの整合性を担保する要因は，この会社の行動指針として DNA のように社員にすり込まれているいくつかの企業理念のなかに存在する。今回のプロジェクトを正当化するために私が目をつけたフレーズは，「広く顧客とつながりをもつ」なる企業理念だった。プレゼンのスライドにはこのフレーズを要所要所にちりばめ，社長が日頃自分たちにすり込もうとするビジョンに強く訴えかけながら新サービスの必要性を説いた。当初こわばっていた社長の表情が次第にゆるみ，プレゼンを終える頃には穏やかな顔つきになっていたことが，プレゼンの成功を確信させた。

　後日所属長に呼び出され，予算が正式に承認されたことを聞かされる。しかも，所属長直下のプロジェクトとして位置づけられたことも知らされる。「事業部長を責任者としてプロジェクトを動かすと，自由に身動きが取れなくなり，面倒なことになった」というネガティブな気持ちが一瞬脳裏をよぎったが，「でも待てよ，うちの事業部長は社内でも権力保持者で人脈も豊富だし，事業部直轄ってことは事業部の予算もお裾分けしてもらえる可能性もありそうだから，メリットの方が大きいな」とすぐさまポジティブに発想転換ができた。この予想が見事に的中し，正式なルートで金だけではなく，人や物，あるいは情報というその他の経営資源も潤沢に確保でき，プロジェクトの進行においてとてつもないアドバンテージとして働いた。おかげで，新サービスは短期間でリリースすることができた。今回ターゲットとしていた新しい顧客層からの評判はすこぶるよく，マーケットの拡大に寄与し，その後再び MVP 賞を勝ち取ることができた。

　今回のわれわれのプロジェクトの成功は，本社とがネット・コミュニティの存在に関心をもち始めたことと，自分たちの活動の方向性とがマッチするという千載一遇のチャンスにも恵まれ，運が良かった要素も多分に入り込んでいると思う。しかし，事前の活動成果があり，その経験から得られた教訓は，トップの掲げるビジョンを逆手にとって自分たちのアイデアを正当化し，最終的に

は公式的な経営資源を潤沢に獲得することにあった。一連のプロセスは，偶然を必然に変えた産物でもある。そしてさらに今，確信めいていえるもう一つの教訓は，トップが具体的に何を語っているかという表面的な部分ではなく，トップが示した道標を社員一人ひとりがどう感じ，それをどのように具現化することこそが，大きなプロジェクトを成功裏に終わらせる肝であると。

ストーリーに潜む教訓を考える

- 社内にはびこる規則や制度を，自分たちを拘束するものではなく，自由を勝ち取る道具として利用するには，どのような心構えが必要でしょうか。
- 機能不全に陥っている制度や規則を変えていくためには，どのようなプロセスが必要でしょうか。

2.　背後にあるロジックを知る

　規則や制度のない組織で働くことなどありえないのだが，この組織に不可欠な規則や制度がときに組織メンバーの自由を奪う足枷になってしまう場合も少なくない。しかしながら，ストーリーを読んでわかるとおり，規則や制度，もっといえばトップによって組織メンバーに内面化されている理念やビジョンあるいは社是・社訓は，人々を拘束するものではなく，彼・彼女らの自由を担保する資源にもなり得る。本章では組織のなかの規則や制度を積極的に活用したり，それらを変更したりする主体に関する研究を取り上げ，制度や規則を自分事として捉え活用する具体的な手法について紹介しよう。

2.1　制度研究の成長発展の軌跡

　制度に関する研究は，経済学や社会学の分野で精力的な研究が展開されてきた歴史がある。組織論研究においては，セルズニック（Selznick, 1957）の研究を嚆矢の一つとして指摘することができる。彼は，組織と制度とを区別し，組織とは，意識的に調整された活動に関する無駄で余分なもののないシステムで，仕事をするうえで設計された合理的な道具である一方で，制度とは，社会から

の必要性や圧力からの産物であり、反応的で適応的な有機体だとしている（Selznick, 1957, pp.55-56）。そして、機械的な組織が有機的な制度に移行する過程を制度化（institutionalization）と称し、3つの段階が設定されている。すなわち、(1) 技術的、合理的、非人格的で課題志向的な公式的システム（＝組織）が、個人や集団の反応的な相互作用によって調整され、(2) 時間の経過に伴い反応的な相互作用が歴史的にパターン化され、内外の社会環境に自ら順応させるのを手助けする機能的なものとなり、特定の仕事や政策に関連する利害関係者を組織内部に生み出し、そして (3) 組織は単なる道具としてではなく直接的な個人の満足や集団の高潔さの媒体として尊重されるような価値を注入されたときにはじめて制度になる（Selznick, 1957, pp.9-10）。この制度化は、組織内外のさまざまな利害関係者のもつ価値観を取り込みながら環境適応する組織の過程であり、こうした環境適応の過程において組織のミッションを定義し組織を統合するリーダーの役割の重要性が主張されている。

　セルズニックは制度に関する先駆的研究として位置づけられ、その主な焦点は個々の組織だったが、組織という単位を越えて存在する慣行や共通形態などが実際には観察されるだろう。こうした組織から社会的な規範やルールへと分析単位をマクロな視点にシフトした制度研究が 1970 年代以降に登場し、セルズニックを代表とする 1960 年代以前を旧制度派組織論と呼ぶのに対して、新制度派組織論（たとえば DiMaggio & Powell, 1983; Meyer & Rowan, 1977; Scott, 1995; Zucker, 1987）と呼ばれる。ディマジオ＆パウウェル（DiMaggio & Powell, 1991）によれば、新制度派組織論は、社会のなかに存在する制度を認識として共有し、その影響下にある組織群としての組織領界（organizational fields）[1]の存在を設定し、その組織領界のなかで組織が同型化（isomorphism）する様を強調することに特徴がある（DiMaggio & Powell, 1991）。組織領界とは、たとえば有力なサプライヤー、顧客、規制機関や類似のサービスないし製品を提供する他組織など、制度的世界に関する認知された領域を意味し、組織領界の構造化（structuration）は、① その領界内での組織間の依存度合いの増加、② 明瞭な組織間の支配構造や連合パターンの出現、③ 領界内の組織が取り組まなければなら

ない情報負荷量の増大，そして④共同で事業に参画しているという共通認識の開発によってなされる（DiMaggio & Powell, 1983, p.148）。そして，表8-1にあるように，新旧の制度派組織論の特徴を比較している。

　上記の同型化に関して，マイヤー＆ローワン（Meyer & Rowan, 1977）は同業他社や取引先，あるいは関連団体など幅広く組織領界を捉えており，組織領界内に存在する自明視された制度環境に対する同調圧力によって同型化が促されるものと考え，ザッカー（Zucker, 1987）は，制度から影響を受ける行為主体を組織のなかの個人にまで拡大している。また，ディマジオ＆パウウェル（DiMaggio & Powell, 1983）は，同型化の種類を(1)環境に対して機能的に適合した組織群を競争的同型化，(2)正当性（legitimacy）を示すために文化的あるいは社会的に適合した組織群を制度的同型化とし，2つに大別している。そして，後者の制度的同型化にあっては，さらに①強制的同型化（依存関係にある他組織や業界などの業務慣行や制度的取り組みを踏襲せざるを得なくなる同型化），②模倣的同

表 8-1　新旧の制度派組織論の相違

	旧制度派組織論	新制度派組織論
利害関係のコンフリクト	中心的	周辺的
慣性の要因	既得権益	正当的原則
構造上の強調点	非公式構造	公式構造の象徴的役割
組織の埋め込み先	地域社会	領界・区域・社会
埋め込みの性質	協調	構成的
制度化の場所	組織	領界または区域
組織のダイナミクス	変革	持続
功利主義への批判の基礎	利害集団の理論	行為の理論
功利主義への批判の根拠	予期せぬ結果	軽率な活動
認識の重要な形態	価値・規範・態度	分類・ルーティン・スクリプト・スキーマ
社会心理学	社会化理論	帰属理論
命令の基本的な認識	コミットメント	慣習・実践的行為
ゴール	代替的	多義的
アジェンダ	政策の妥当性	規律的

出所）DiMaggio & Powell (1991) p.13

型化（環境の不確実性に対して自律的に判断や行動を取る能力がない状況下で対症療法的に他組織を模倣することによる同型化），③規範的同型化（ある専門的職業に従事する人々が自分たちの仕事の進め方や自律性を正当化するために類似の準拠集団へと収束してしまうことから生み出される同型化）という3タイプに区別している。①の例は系列的取引というサプライチェーンのなかで親会社が環境会計を導入したらサプライヤー企業も導入せざるを得なくなることや，②の例としてはDX（デジタルトランスフォーメーション）やテレワークの必要性が十分検討されないまま他社の導入に追随してこれらを採用すること，さらに③の例としては同質の経営教育を受けたMBA（経営学修士号）取得者が各企業で幹部として採用され経営の同質化が促されている米国の状況があげられる。

　新旧の制度派組織論を明確に区別する同型化の前提をめぐっては，旧制度派が最適な価値や規範というものがすでに存在し，それに最も合理的で効率的に到達した組織や制度が同型化すると考える。これに対して，新制度派ではそうした人々の価値観や規範意識に先だった現実の認識という認知レベルに依拠し，一見すると最適解に見える同型化はある種の虚構に過ぎず，だからこそその時々で周囲の主流が採用している（その時代に流行している）組織や制度を採用する圧力が作用し同型化が促進されると考える（佐藤・山田，2004）。

　このように新制度派組織論では，制度が人々の認識によって社会的に構成された一過性のものでしかなく，したがって制度は，合理性や効率性という観点から環境のなかで最適なものが選択されたというよりも，ある期間において主流の行動規範や規則あるいは手続きに対する模倣圧力によって形成され，それゆえ制度は時代とともに変容するものだと考えられている。しかしながら，この基本前提にある種の違和感を覚える読者がいるかもしれない。あたかも神話のように流布し自明視された制度に身をゆだねながら日常を送る人々のなかで，いったい誰が制度矛盾や制度疲労に気づき，どのような方法で制度を変革するのだろう，という疑問が湧いたはずである。

2. 2　制度を取り巻く行為主体の問題

　新制度派組織論における制度に埋め込まれた個人や組織が自ら主体的に制度を変革する過程をどう捉えたら良いかという問題は，埋め込まれたエージェンシー（主体的行為）のパラドクス（the paradox of embedded agency）と呼ばれ（Seo & Creed, 2002），この問題に最初に切り込んでいったのはディマジオ（DiMaggio, 1988）である。彼は，制度のなかで個人や組織が受動的に反応する存在でしかないことを強調してしまうと，制度を構成する行為主体による制度に対する介入の余地を退けてしまい，制度変化は制度の外部に存在する環境要因によってしか説明できなくなってしまうことを指摘し，この問題を解決するためにエージェンシー（変革の行為主体）と制度論をつなぎ合わせようと試みている。具体的には，制度の生成，普及，変容や消滅という時系列的な変化の過程を設定し，その過程において制度が複製され，創造され，脱制度化されるメカニズムを例示している。さらにディマジオは，「自己の利害を実現するために，己のもつ資源を活用して他者に影響を及ぼしながら，新たな制度を構築する有力者」（DiMaggio, 1988, p.14）と制度的企業家（institutional entrepreneur）を定義したうえで，新しい制度を構築する際その制度を世の中に正当化する活動（制度ワークと呼ばれる）を行うために，他の行為者（actor）からの支持を集めることに邁進する存在として制度的企業家が描かれている。

　ディマジオの新制度派組織論に対する問題提起は，制度に翻弄される行為者に主体性を付与する可能性を示唆した点でエポックメイキングであったわけだが，後藤（2018）によると，以降の研究には大きく 3 つのアプローチが存在するという。制度変化における行為者に主眼が置かれるというよりも，制度変化を取り巻く状況要因，すなわち制度変容のコンティンジェンシー理論とも呼ぶべき研究視座を有するもののなかで，第 1 のアプローチは，合理性と戦略論などの制度に対する行為者からの影響力を扱う系譜で，第 2 のアプローチは，たとえば制度的矛盾や制度的複雑性など，そのような行為主体が存在する制度化過程の描写や定義を問題とする系譜である。これらとは対照的に，第 3 のアプローチは行為者に焦点を置き，どのような行為主体の特性に基づいて制度変化

が促されるかに関心を示し，制度的企業家論がこのアプローチに該当する（後藤，2018，p.21）。ここではこれらの3つのうち，制度に埋め込まれずに行為者の主体性を強調する第3のアプローチの制度的企業家論にスポットライトを当てる。その理由は，このアプローチが制度に翻弄されることのない行為主体を強調する立場であるが故に，本書のキーワードである自分事化と制度とがより密接に結びつけられるものだと考えるからだ。

　制度的企業家はある種のバズワードとして経営学のなかでその研究の広がりを見せてきたが，その一方で多種多様な研究の方法論や方法が現れており，そのすべてを網羅的に紹介するには紙幅に限りがあり不可能である。そこで，後藤（2018）に依拠して，その研究パースペクティブの概要を簡潔に触れておく。彼によれば，制度的企業家論には，制度を新たに創造したり既存制度を変革したりする制度的企業家の社会的スキルに関する研究アプローチと，どのような条件によって制度的企業家が生まれ出るか，すなわち制度的企業家の出現要件に関する研究アプローチに大別できる。

　前者のアプローチを採用する一連の研究成果からは，組織領界における多様なステイクホルダーが受け入れられる枠組みを見出し，それをもっともらしく説明するための理論化（theorization）を通じて正当性を確保すると同時に，言説（discourse）によってその正当性をステイクホルダーに訴えかけたり，同盟を組んだりする戦略的活動が，制度的企業家の社会的スキルに関する共通理解として獲得されている（後藤，2018，pp.26-27）。ここで理論化とは，制度の普及を後押しするような新しい知識や技術を参照することで，これまでにない主体的な学習の理論やモデルが開発されることにより，アクティブラーニングのような新たな学習方法が教育現場に普及することが一例としてあげられる。

　後者のアプローチには，① 組織領界の特定状況と発現との関係性を注視するタイプ，② 組織と制度的環境との関係性から行為者の個性に着目するタイプ，③ 個々の組織と組織領界との関係性の限界を補完するために業界団体などの複数の組織から成る集合体として組織領界を考えるタイプ，そして ④ ヒューマンネットワークや社会的立場など最もミクロな分析単位として個人特性

に注目するタイプの 4 つに分類される（後藤，2018，pp.29-31）。

　繰り返しになるが，本章では制度と自分事化との関係が主題になるため，制度の創造や変革のより具体的で実践的な道具立てについて検討すべきだと考え，次に制度的企業家の社会的スキルに着目するアプローチにとりわけ注目することにしよう。

2.3　制度的企業家による制度変革のスキル

　制度的企業家の社会的スキルに関する初期の研究として，たとえば，フリヒシュタイン（Fligstein, 1997）は，① 行為者が有する社会的スキルのどのタイプが前出の理論化を可能ならしめるのか，また ② これらのスキルの使用が組織領界の形成や安定もしくは危機に対してどのように影響するかについても理論化可能かを検討することを研究目的としながら，社会的スキルを，「行動を取り正当化し得る共通の意味やアイデンティティを行為者に提供することによって，他の行為者との協調を動機づける能力」（Fligstein, 1997, p.398）と定義している。そして，① 直接的な権威，② 目標設定，③ システムが付与することの採用，④ 行為の構想，⑤ 回転と鍛錬，⑥ 仲介，⑦ 要求と甘受，⑧ 無目的性（goallessness）と無償性（selflessness）の維持，⑨ 曖昧性の維持，⑩ 利害の集約，⑪ 1 を得るために 5 つを試すこと，⑫ 多くのカード（売り）をもつよう人々を説得すること，⑬ 他者にコントロール下にあることを考えさせること，⑭ 群れない逸脱者とつながるもしくはとりわけ気難しい逸脱者を探し出すこと，⑮ ルークスのパワーの第三次元を認識することと，15 もの社会的スキルに関する具体的な戦術を詳述している。

　また，先述した制度的企業家の社会的スキルに関する共通理解のなかに登場した言説に焦点を当てつつ，制度化の過程において言説が重要な機能を果たすことを論じたフィリップスら（Phillips, Lawrence & Hardy, 2004）は，単なる他者の観察ではなく，マニュアルや書籍，雑誌のような広範にわたって普及しているテキストを参照することで模倣行動が促されると同時に，行為者による行為がそれらテキストを介して新たな言説を産出することを繰り返しながら制度化

図 8-1　制度化の言説モデル

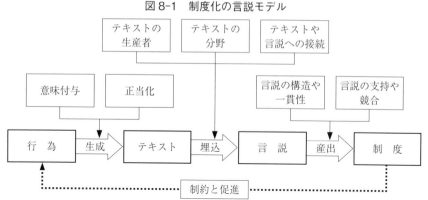

出所）Phillips, Lawrence & Hardy (2004) p.641

が進行すると主張する（Phillips, Lawrence & Hardy, 2004, pp.639-640）。そして，図8-1に示されているような制度化の言説モデルを提示している。

　同モデルは，ワイク（Weick, 1979）のモデルが下敷きとなっており（詳細は第1章を参照のこと），意味付与や正当化を介してさまざまな行為のなかから有意味な行為がテキストとして生成され，そのテキストが周囲の行為者による言説に埋め込まれながら普及し，制度が産出される。この時，ある言説の説明の一貫性が確保され，既存の正当化された言説と関連づけられ整合的な様式で語られる際，その言説は行為に影響を与え制度化を促進すると彼らは論じている（Phillips, Lawrence & Hardy, 2004, p.645）。

　これに対して，涌田（2016）は，制度的多元性（institutional pluralism/multiplicity）を前提とした場合，言説の一貫性ではなく，むしろ複数の言説が競合し合う過程を生み出す組織領界にスポットライトが当てられるべきだと主張している（涌田，2016, p.344）。つまり，実際には複数の制度が併存するなかにあって，制度が新しく生成される制度化の過程というよりはむしろ，既存の制度間の均衡が崩れることで生じる制度変容にこそスポットライトを当てるべきであって，その場合言説の一貫性ではなく競合関係に目を向けた方が，制度に関するよりダイナミックな研究が展開できるというのである。そして，制度研究のなかにもっとミクロな視点を持ち込む重要性を説きながら，その足がかりとして社会

的アイデンティティとエンパワーメントの 2 つの分析視座の可能性を検討して
いる。

　この制度的多元性に関連して，組織領界内の多様なステイクホルダーが参照
する複数の解釈枠組みの存在に着目し，それらの競合や併存を分析する際の鍵
概念として頻繁に持ち出される制度論理（institutional logics）[2] について言及して
おこう。制度論理の萌芽的研究に位置づけられているフリードランド＆アルフ
ォード（Friedland & Alford, 1991）によれば，組織や個人が利用可能な組織化の
原則を構成する制度的秩序が存在し，これを制度論理としている。資本主義，
民主主義，国家，家族や宗教などには固有の制度論理があり，これらの制度論
理は，象徴的な基盤となり，組織的に構造化され，政治的に擁護され，技術的
かつ物質的に制約され，それゆえ特定の歴史的境界を有している（Friedland &
Alford, 1991, pp.248-249）。

　ソーントン＆オカジオ（Thornton & Ocasio, 1999）は，このフリードランド＆
アルフォードやジャッカル（Jackall, 1988）を参照しながら，制度論理を「人間
が自らの物質的生活（material subsistence）を生産・再生産し，時間や空間を組
織し，また社会的現実に意味を与えるような，規則，信念，価値，前提，物質
的実践（material practices）に関する社会的に構築された歴史的パターン」
（Thornton & Ocasio, 1999, p.804）と明確に定義している。そして，彼女らは，米
国における大学などの高等教育向けの出版業界において，1960 年代から 70 年
代初期までは学術的に優れた書籍の専門性が出版基準として重視されていたも
のが，70 年代中期になると販売部数のような商業主義が横行し，制度論理の
理念型として，前者を編集者の論理（editorial logic），後者を市場の論理（market
logic）とラベリングしたうえで，それらが経営陣の権力や事業承継をどのよう
に規定するかを分析している。

　また，近代フランス料理の父と称されるエスコフィ（Escoffier, G. A.）がレー
ルを敷いた規律や規則を重んじる伝統的なフランス料理界が，1968 年 5 月に
学生たちが民主化や労働の権利を獲得することを目的として起こした反体制運
動（五月革命）を契機に，従来のルールから逸脱した新しい調理法（ヌーベルキュ

イジーヌと呼ばれる）が生み出されて現代フレンチの源流として定着していく過程を，制度論理と社会的アイデンティティとの関連から分析しているラオら（Rao, Monin & Durand, 2003）によると，制度論理は典型的なカテゴリー，信念，期待や動機を創造し，それゆえ行為者の社会的アイデンティティを形成するもので，制度論理と行為者の行動とは，集団構成員として自らを分類する際に準拠する社会的アイデンティティによって結びつけられるものだとされている（Rao, Monin & Durand, 2003, p.797）。

　もしかしたら読者のなかには，これまでの話が非常にマクロな現象を扱っているため，それこそ自分事として読み込むことができない人もいるだろう。そこで，もう少し身近な自分事として考えられるよう，校則という話題を使って説明してみたい。思春期真っ盛りの中学生や高校生の頃，ヘアスタイルやファッションに興味を持ち出して，アイデンティティを表出するために少しだけ他人とそれらについて差別化をはかりたいと思ったことはないだろうか。しかし，そうした試みの前に大きく立ちはだかる壁に，校則があったはずである。校則とは，ある意味で規則の遵守という社会的営みを送るために不可欠な道徳観や倫理観を形成するために存在するが，そうした目的とはまったく関係のない理不尽な校則にしばしば直面する。いわゆるブラック校則と呼ばれる規則である。

　この問題が脚光を浴びるきっかけとなったのは，2017 年の黒髪洗髪訴訟だと言われている（荻上・内田，2018）。生まれつき髪の毛が茶色い大阪の高校生が教師から黒く染めることを強要され，それが精神的苦痛で不登校になったことを機に起こされた裁判である。この訴訟が大きくメディアに取り上げられたことを契機に，既存の校則を見つめ直し，意義や意味の乏しい内容を廃止する運動が，各方面から湧き起こった。と同時に，ブラック校則を問題視する雑誌記事や論文，書籍が多く世の中に出回るようになり，これらをテキストとして参照しながらブラック校則を撤廃するための理論化が行われたことは想像に難くない。しかも，この手の学校問題は，得てして保護者や市民，あるいはメディアなどの外部のステイクホルダーが教師や学校を一方的にバッシングする形

で展開されがちだが，教師のブラック労働の問題が並行して議論されるように
なった（山本，2019）。教師の長時間労働は生徒との対話の時間を奪い，生徒か
らの声を受け流すことでブラック校則が温存されてしまうし，そもそも自らの
人権が軽視されて長時間労働に晒されている教師が，生徒の人権に目を向けら
れるはずもない。このように，2つのブラック問題を解決しようとする際，両
者は取り組むべき不可分な問題として認識されるようになっていった。また，
荻上・内田（2018）によれば，ブラック校則の浸透に加担するのは，実は学校
内部にいる教師よりも，むしろ頭髪や服装などの表面的な部分で生徒や学校の
風紀を評価してしまいがちな学校外部の保護者や市民である場合が少なくな
い。

　ここで，ブラック校則を取り巻く複数の制度論理が併存していることが見て
取れるだろう。すなわち，規律の遵守という生徒の社会性を正当化する論理
（社会性の論理），個性や人権の尊重という生徒の主体性を正当化する論理（主体
性の論理），あるいはそれら両論理の狭間で翻弄されながらも労働者の権利とい
う教師の人間性を正当化する論理（人間性の論理）などである。これまで社会性
の論理がブラック校則を正当化してきたのだけれども，主体性の論理と人間性
の論理がうまく結びつくことで生徒と教師の利害が一致し，問題解決が進行す
る過程で生徒や教師だけでなく，保護者や地域社会の社会的アイデンティティ
が変容していったことが推察される。その結果，長く学校にはびこっていたブ
ラック校則という既存制度が変容していったのかもしれない。このように制度
論理とは，人々によって自らの考え方や行為を正当化するために用いられる
種々の資源を説明するための概念装置で，ときに複数の制度論理の矛盾や整合
性が巧みに利用されながら，社会的アイデンティティが形成され，制度は構
築・再構築されるものである。

2. 4　制度の利用と官僚制再訪

　前項までは制度が制度的企業家という行為主体によって生成したり変容する
様を描くための理論的なフレームワークやキーワードについて概説してきた

が，本章最後に制度派組織論研究者が制度の原型としてしばしば参照する官僚制（bureaucracy）に原点回帰することにしたい。官僚制とは，組織を合理的かつ効率的に運営するための制度設計としてウェーバー（Weber, M.）によって提起されたもので，事務机や事務所を意味する「bureau」と統治や支配を意味する接尾辞「cracy」との複合語になる。このような事務所の統治を原義とする官僚制を最後に取り上げる理由は，その統治を正当化する規則こそが制度論理であり，前項で触れたように既存制度の変革は複数の制度論理を巧みに利用しながら行われるので，まさに本章タイトルにあるように，官僚制のなかにこそ広い意味で制度を利用するエッセンスが内包されているからである。そこで，本項ではまず官僚制なる組織経営のための制度設計の概要について触れていくことにしよう。

ウェーバー（Weber, 1956）は，支配の正当性を，(1) 伝統的支配（家父長制のような古くから存在する慣習や慣習などへの信仰による支配），(2) カリスマ的支配（教祖や英雄のような卓越した資質や能力への信奉による支配），そして (3) 合法的支配（法律や規律のような規則の制定による支配）という3つのタイプに分類し，合法的支配の理念型として官僚制を位置づけている。その原則には，① 規則による権限の明確化，② 階層構造による支配の単一化・中央集権化，③ 文章による手続きの可視化，④ 専門的訓練を通じた分業化，⑤ 兼業禁止による専業の要請，⑥ 職務に関連する専門的知識獲得の要請がある（Weber, 1956, pp.60-62）。このような種々の特徴を眺めてくると，組織を合理的で効率的に設計するうえで，官僚制の原則は不可欠な要素ばかりであることに気づかされるだろう。官僚制というグランドデザインなき組織は存在しないといっても過言ではないのである。

しかしながら，「あの組織はなんて官僚的なんだ」という象徴的な言説に代表されるように，官僚制にはとかくマイナスなイメージがつきまとうのはなぜだろうか。その理由は，組織にとって不可欠な官僚制がうまく機能していない状況がことさらクローズアップされてしまうからである。こうした官僚制の逆機能（dysfunction）の研究に先駆的に取り組んだのは，マートン（Merton, 1957）

である。彼は，たとえば当該年度の予算を余らせると次年度の予算が減額され
てしまうので，必要の有無を吟味せずに予算を使い切ることが目的になってし
まうような手段の目的化であったり，専門化による分業を推進するとセクショ
ナリズム（部門主義）に陥ることや，過度な文章化は手続きの煩雑化や形式主
義を加速させてしまうなど，官僚制が機能不全に陥った際の組織病理の具体的
な症例について言及している。そして，感情的な要素を排除して規則によって
効率的な業務運営を追求することで得られる官僚制の有効性は非人格化
（impersonality）と呼ばれ，例外的な事象に対応できない人間や例外を許容でき
ない人間を助長し，柔軟性を欠いた組織を創り上げてしまうとされる（Merton,
1957, pp. 181-188）。

　もちろん，感情的要素を排除しないと公平で効率的な対応ができないことも
間々ある。ある講義の担当教員と親しい間柄で，その甘えもあってその講義の
レポート提出期限を 1 秒でも過ぎてから提出したら受理してもらえなかった経
験はないだろうか。17 時に閉まる教務課の窓口で課題の提出をし損ねて単位
をもらえなかった苦い経験はないだろうか。仮にこれらの例外を許容すると，
期限以内に提出した他の学生に対して不公平だし，そのことが SNS で拡散さ
れようものなら，教員や教務課職員は期限後に五月雨式に届くレポートを受理
せざるを得なくなるだろう。このように，非人格化は時として効率的な組織運
営には不可欠なのである。しかしながら，過度な非人格化は，冠婚葬祭や医
療・介護の分野など，顧客の感情に寄り添い柔軟な対応が求められる近年の感
情労働論（Hochschild, 1982）に照らしても逆行しているし，そもそも逸脱や例外
のなかからこそイノベーションは生起する事実とも乖離する。では，官僚制や
おしなべて制度とは，本当にイノベーションを根絶やしにしてしまうのだろう
か。冒頭のストーリーにもあったように，制度はむしろイノベーションや変革
の促進要因として活用できる資源になりはしないだろうか。

　これらの問いに対する一つの解答は，松嶋・浦野（2013）のシャープの緊急
プロジェクトにまつわるイノベーション生成のための官僚制活用の研究が例証
してくれている。緊急プロジェクトは，同社の数々のイノベーション生成を支

えてきたプログラムで，部門横断的に集結したメンバーが日常業務から切り離されてプロジェクト活動に従事し，その結果前例に捕らわれることなく革新的な製品を世に送り出してきたことから，かつて産学のさまざまなメディアで頻繁に取り上げられてきた。しかしながら，彼らの調査によると，こうした脱官僚的なイメージをよそに，緊急プロジェクトではその開発する製品の主管事業部門のトップが最終的な統括責任者として定められており，その責任者が活動に必要な社内の人・物・金・情報という経営資源を調達するハブ機能を担うことで，プロジェクトが強力に推進されていたという。すなわち，シャープのなかにすでに横たわっている階層制や規則からなる官僚制とは，イノベーションの阻害要因というよりは，むしろ巧みに利用されることで促進要因になっていたのである。[3]

　本章冒頭のストーリーやこの研究事例を読んでもピンと来ない読者は，たとえば大学の期末試験を思い浮かべてほしい。試験期間中に行われる正規試験には規定が必ず存在し，たとえば病気等のやむを得ない事情で受験できなかった場合，そのことを証明する書類をもって追試を受験する権利が与えられているとしよう。このルールを逆手にとり，試験勉強を疎かにしていた学生が何らかの理由をつけて通院して診断書を確保できれば，追試を受験でき勉強時間がより長く確保できるはずである。必ずしも読者に勧められる例ではなく，制度を利用すると聞くと一見自分事として認識できないかもしれないが，このように制度を利用するチャンスは身近に潜んでいるものである。

本章を読んで今すぐ実践できることを考える

- 現在直面している問題・課題を解決するのに利用できそうな制度や規則を書き出してみましょう。
- その書き出された制度や規則を利用して問題・課題を解決しようとする際の障害を書き出してみましょう。
- それらの障害を解決するための 5W1H を考えてから実行に移してみましょう。

注

1) 日本の文献でこの「organizational fields」は，「組織フィールド」と fields をカ
タカナ表記するのが定訳だが，本書ではフーコー，M. 著，慎改康之訳（2014）
『言説の領界』（河出文庫）で使われた造語「領界」を訳語としてあてがうことに
した。カタカナ表記が初学者にとってはかえってわかり辛さを助長してしまうの
ではという懸念と，organizational fields は行為者が社会問題を巡って相互に意
味解釈の闘争を行う場であり（Hoffman, 1999），必然的にパワー概念が介在する
場（涌田，2016）というニュアンスを訳語に込めたかったためである。

2) 注1の organizational field と同様に，この institutional logics も日本の文献で
は「制度ロジック」と logics の部分だけカタカナ表記されるのが定訳だが，ここ
では先ほど同様に初学者に混乱を招かない配慮や，仮にカタカナ表記するのであ
れば正しくは「ロジックス」と複数形として表現されなければならない理由か
ら，あえて「論理」と訳すことにした。ここで原語が複数形で表記されている理
由は，組織領界内には複数の logic が併存し，それら複数の logic が巧みに利用
されることで制度が正当化されることを含意しているからで，ロジックとカタカ
ナ表記をすると言葉に込められた本来の意味が歪められてしまうことも考慮し
た。

3) 松嶋・浦野（2013）によれば，官僚制がネガティブな印象をもたれてしまう要
因の一つは，ウェーバーが官僚制を説明する際に用いた「鉄の檻」メタファーに
あり，このメタファーは原典のドイツ語では「stahlhartes Gehäuse」となってい
るが，これをパーソンズ（Parsons, T.）が英訳した際「iron cage（鉄の檻）」と
誤訳したことに起因しているという。「Gehäuse（ゲホイセ）」は，本来「箱」や
「外枠」，「殻」を意味する語で，檻のような窮屈なイメージとはかけ離れている。
したがって，むしろよりポジティブな意味を付与するためにも「鉄鋼の甲冑（か
っちゅう）」というイメージに近いと論じている（松島・浦野，2013，p.95）。こ
れについて，高橋（2011）は「Gehäuse」の外部からの保護というポジティブな
意味と，内部での抑圧というネガティブな意味の両義性をもたせるために「鉄の
殻」という表現が妥当だとし，その妥当性にたどり着いた背景や本来の意味が歪
曲されて伝えられた過程をユニークな事例を多用しながら詳述している。興味が
あればぜひ参照されたい。

✒ 参考文献

東俊之（2006）「制度派組織論の新展開─制度派組織論と組織変革の関係性を中心
に」『京都マネジメントレビュー』6，pp.81-97

DiMaggio, P. (1988) Interest and agency in institutional theory, in L. Zucker (ed.),
Institutional patterns and organizations: Culture and environment, Cambridge,
MA : Ballinger, pp.3-22.

DiMaggio, P. J., & Powell, W. W. (1983) The Iron Cage Revisited: Institutional
Isomorphism and Collective Rationality in Organizational Fields, *American
Sociological Review*, 48 (2), pp.147-160.

DiMaggio, P. J., & Powell, W. W. (1991) Introduction, in Powell, W. W., &
DiMaggio, P. J. (eds.), *The New Institutionalism in Organizational Analysis,* The
University of Chicago Press, pp.1-38.

Fligstein, N. (1997) Social Skill and Institutional Theory, *American Behavioral Scientist*, 40 (4), pp.397-405.

Friedland, R., & Alford, R. R. (1991) Bringing Society Back in: Symbols, Practices, and Institutional Contradictions, in W. W, Powell & P. J, DiMaggio (eds.), *The New Institutionalism in Organizational Analysis*, University of Chicago Press, pp.232-263.

後藤将史（2018）『グローバル人事改革の挫折と再生—制度論で捉える組織変革』京都大学学術出版会

Greenwood, R., & Hinings, C. R. (1996) Understanding Radical Organizational Change: Bringing Together the Old and New Institutionalism, *Academy of Management Review*, 21 (4), pp.1022-1054.

Hochschild, A. R. (1982) *The Managed Heart: Commercialization of Human Feeling*, University of California Press.（石川准・室伏亜希訳『管理される心—感情が商品になるとき』世界思想社，2000 年）

Hoffman, A. J. (1999) Institutional Evolution and Change: Environmentalism and the U. S. Chemical Industry, *Academy of Management Journal*, 42 (4), pp.351-371.

Jackall, R. (1988) *Moral Mazes: The World of Corporate Managers*, Oxford University Press.

Lawrence, T. B., & Suddaby, R. (2006) Institutions and institutional work. in S. R. Clegg, C. Hardy, T. B. N. Lawrence, & R. Walter (eds.), *The Sage handbook of organization studies 2nd ed.*, London, England: Sage., pp.215-254.

松嶋登・浦野充洋（2013）「イノベーションを創出する制度の働き」『国民経済雑誌』207 (6)，pp.93-116.

Merton, R. K. (1957) *Social Theory and Social Structure: Toward the Codification of Theory and Research*, Free Press.（森東吾・金沢実・森好夫・中島竜太郎訳『社会理論と社会構造』みすず書房，1961 年）

Meyer, J. W., & Rowan, B. (1977) Institutionalized Organizations: Formal Structure as Myth and Ceremony, *American Journal of Sociology*, 83 (2), pp.340-363.

荻上チキ・内田良（2018）『ブラック校則　理不尽な苦しみの現実』東洋館出版社

Phillips, N., Lawrence, T. B., & Hardy, C. (2004) Discourse and Institutions, *Academy of Management Review*, 29 (4), pp.635-652.

Rao, H., Monin, P., & Durand, R. (2003) Institutional Change in Toque Ville: Nouvelle Cuisine as an Identity Movement in French Gastronomy, *American Journal of Sociology*, 108 (4), pp.795-843.

佐藤郁哉・山田真茂留（2004）『制度と文化』日本経済新聞社

Scott, R. S. (1995) *Institutions and Organizations*, Sage Publications.（河野昭三・板橋慶明訳『制度と組織』税務経理協会，1998 年）

Selznick, P. (1957) *Leadership in administration: a sociological interpretation*, Harper & Row.（北野利信訳『組織とリーダーシップ』ダイヤモンド社，1963 年）

Seo, M. G., & Creed, W. E. D. (2002) Institutional contradictions, praxis and institutional change: A dialectical perspective, *Academy of Management Review*, 27 (2), pp.222-247.

高橋伸夫（2011）「殻—(1)"鉄の檻再訪"再訪」『赤門マネジメント・レビュー』10(4), pp.245-270

Thornton, P. H., & Ocasio, W. (1999) Institutional Logics and the Historical Contingency of Power in Organizations: Executive Succession in the Higher Education Publishing Industry, 1958-1990, *American Journal of Sociology*, 105 (3), pp.801-843.

涌田幸宏（2015）「新制度派組織論の意義と課題」『三田商学研究』58(2), pp.227-237

涌田幸宏（2016）「制度化のフレームワーク構築の試論」『商学論纂（中央大学)』57(5・6), pp.337-361

Weber, M. (1956) *Wirtschaft und Gesellschaft: Grundriss der verstehenden Soziologie*, vierte neu herausgegebene Auflage, besorgt von Johannes Winckelmann, Kapitel Ⅸ, Soziologie der Herrschaft, ss.541-632. (世良晃志郎訳『支配の社会学Ⅰ』創文社, 1960年)

Weick, K. E. (1979) *The Social Psychology of Organizing 2nd ed.*, McGraw-Hill. (遠田雄志訳『組織の社会心理学（第2版)』文眞堂, 1977年)

山本宏樹「これからの校則の話をしよう（OPINION)」『SYNODOS』Web記事, 2019年, https://synodos.jp/opinion/education/22616/（2019年6月3日閲覧)

Zilber, T. B. (2007) Stories and the Discursive Dynamics of Institutional Entrepreneurship: The Case of Israeli High-tech after the Bubble, *Organization Studies*, 28 (7), pp.1035-1054.

Zucker, L. G. (1987) Institutional theories of organizations, *Annual Review of Sociology*, 13, pp.443-464.

📖 もっと学びたくなった人のために推薦する本

佐藤郁哉・山田真茂留（2004）『制度と文化』日本経済新聞社
推薦理由：新旧の制度派組織論の違いを多くの身近な具体例を示しながら説明しており，制度の利用や変革について実践的な手法を提示している。

桑田耕太郎・松嶋登・高橋勅徳（2015）『制度的企業家』ナカニシヤ出版
推薦理由：日本における制度的企業家を取り巻くさまざまな研究を所収した論文集になっており，網羅的に研究事例を把握したい場合にはうってつけの一冊である。

第 **9** 章

組織を越えて地域とつながる

● 事前学習のために問いを立てる ●

- 組織以外の「ソト」での活動が，組織にも好影響を与えることはできるでしょうか。
- 「地域」の組織や個人とつながっていると感じるのはどのような場面ですか。また，そのなかで何が得られているでしょうか。

♀ キーワード

コミュニティ，トランザクティブ・メモリー，
コラボレーション，「二枚目の名刺」，越境学習

1. ストーリー「リモートワークと地域活性化」を読む

[出戻り]

　和田浩一朗（35歳）は，妻の美樹（33歳）とともに5年前にWebデザイン会社「リーフデザイン」を立ち上げた。都心から少し離れた都市のビルに小さなオフィスを設け，徐々に得意先も増えてきた。そんな彼らに転機が訪れる。

　これまで経験しなかった感染症の流行により，移動を伴う商談や対面による製品説明がしづらい状況に変化した。一方で，地方都市でもリモートワークできる環境が急速に整備されていったことから，2人は会社と住まいを移転・移住することにした。場所は，浩一朗の生まれ故郷である中部地方のとある県の木葉市である。浩一朗は実家に近い空き家を購入し，リノベーションして住居兼オフィスとして利用することにした。

　リモートワークが浸透してきたおかげで，これまでの得意先を大きく減らすことはなかったが，一つ寂しく感じていることがあった。他の地方都市と同様に木葉市も少子高齢化の波に襲われ，活気が失われていたのである。「都心に住んでいたことで昔は気づくことのなかった地元の良さがわかるようになったのに，その地元が廃れていく姿を目の当たりにするのは何だかな……」。浩一朗のそんな気持ちが「この地域を何とかしたい」という熱い思いに沸々と変換されていく。

[第2の仕事]

　どこから手を付けてよいのかわからないので，ひとまず自分のできることからスタートした。手始めに，地元のコミュニティセンターでパソコン教室を月1回開催することにした。昔から顔なじみだった近所のおばあちゃんとの雑談のなかで，「パソコンを使えるようになりたい」といわれたのがきっかけだった。話を聞くと，都内に住む息子が感染症流行のために帰省できないので，ビデオ会議システムを使った「バーチャル帰省」を提案してきたが，やり方がわからなくて困っているというのである。そして，同じように考えている高齢者が少なからずいることを知った。そこで浩一朗は，美樹とともに少々の指導料

を頂きながらパソコン教室を開催することにした。

[二足の草鞋]

　パソコン教室が盛況になると，もっと地元を活性化させる術がないか思案するようになった。高齢者が増え，個人スーパーも閉店したままの現状を考えると，経済的発展を実現するのは容易ではない。そこで浩一朗は，住んでいる人々が活き活きと暮らしながらも，観光や食事で地元に足を運んでくれる人たちを増やすことを目的に，発展的に活動することにした。しかし Web デザイン会社を立ち上げ，移住してきたばかりで，十分な資金を持ち合わせていない。以前の職場の同僚でボランティア活動に詳しい仲間に相談すると，法人化し金融機関から融資を受けるべきだと提案された。そして，地元で農機具販売会社を営んでいた先輩の永田慎吾（38 歳）に加え 3 名の後輩とともに，まちづくり NPO 法人「このはのこ」を設立した。永田もまた，地元を離れ中部地方の大都市の専門学校に通い，数年その地で働いたのち 25 歳で地元に戻り家業を継いでいた。大都市で生活した経験から，地元を変えないといけないという気持ちは，浩一朗と同様にもっていた。

　NPO「このはのこ」の代表と Web デザイン会社「リーフデザイン」の経営者という，異なる 2 つの顔をもつようになった浩一朗は忙しくも充実した毎日を送るようになった。Web デザインの仕事だけでなく，NPO として地域でのパソコン教室，地元を紹介する動画の制作・配信といった自身の強みを活かした活動に加え，地域のハザードマップ作りなども手掛けた。こうした活動を通じて，市役所の関係部局とも太いパイプをもつようになった。

[地域の記憶]

　新年を迎えて間もなく，もっと地域活性化の起爆剤となるものはないかと考えていた浩一朗の脳裏に，幼いころの祭りの記憶がよみがえった。地域内の小高い丘の上にある神社で毎年行われていて，幼いころは多くの夜店が参道に立ち，舞台では神楽が奉納されていた。しかし，だんだんと規模が縮小していき，高校を卒業するころには夜店は数軒の地元の飲食店が出しているのみで，小学校が統合されて以降は神楽も奉納されなくなり，細々と神事が執り行われ

るだけであった。その神社に初詣に訪れた時のことだった。

　この祭りを“復活”させよう。浩一朗は狙いを定めた。復活させるといって
も，露天商を連れてくることはできないし，神楽を舞うこともできない。そこ
で考えたのは，「祭りのデコレーション」である。丘の頂上へと続く参道に灯
篭で明かりをともす。灯篭には地元のデイサービスに通うお年寄りに絵や文字
を書いてもらう。小さな子にも自由にお絵かきしてもらう。そして，神楽の舞
手がいなくなったので，プロジェクションマッピングで神楽を再現することを
考えた。神聖な伝統行事でデジタル技術を駆使することに反発する年配の方々
がきっといるだろうと危惧していたが，むしろお年寄りや神社の宮司さんは面
白がってくれ杞憂に終わった。

［新しい価値］

　1月に思い立って半年が過ぎた。9月の祭礼まで2か月を切っている。灯篭
制作はデイサービス施設や保育園の協力を得ながら順調に進んでいった。ま
た，灯篭の設置は電気設備工事会社に勤める後輩が手伝うと約束してくれた。
一方で神楽のプロジェクションマッピングは，取引先のつながりで専門のアー
ティストに協力を得ることができた。かつて盛況だったころの神楽の様子を録
画したビデオを町内会長さんがもっていたことも幸いし，プロジェクションマ
ッピングで正確に再現することができた。そして神社内に近隣の飲食店の協力
を得て，少しばかりではあるが飲食できる店舗を設けることができた。こうし
た活動が可能になったのは，木葉市から文化事業助成金を得たことが大きかっ
た。

　満を持してのぞんだ当日。浩一朗をはじめNPO「このはのこ」のメンバー
は，実行委員として祭りを見守った。数日前に新聞や地元テレビに取り上げら
れたこともあり，近隣の市町村からも大勢の観光客が集まった。予想外の成果
であったが，一方で飲食できる店舗が少なく苦情も多く寄せられた。だが，何
より感動したのは，わざわざ丘の上の神社まで足を運んでくれたお年寄りたち
が，懐かしそうに，そして嬉しそうにプロジェクションマッピングで映された
神楽を眺めている光景が目に飛び込んできたことだ。

［意図せざる副産物］

　こうして故郷のため行ってきた一連の活動は，浩一朗自身に思いもよらない恩恵をもたらすことになる。本業である Web デザインの新規顧客の開拓である。浩一朗はこれまでインターネットを積極的に利用する比較的若い世代に訴求するような Web 制作を心がけてきた。極端にいえば，ネットをそれほど利用しない高齢者を意識する必要などないとさえ思っていた。ところが，地元のお年寄りと接するなかで実は潜在的な需要があるにもかかわらず，自分が彼・彼女らのニーズに応えるコンテンツから目を背けてきたことに気づかされたのである。この経験を機に，浩一朗は「ユニバーサル・デザイン」を意識した Web デザイン事業を新たに立ち上げ，そのコンセプトがさまざまな企業の Web 担当者の心に響いて，その後の浩一朗の会社の受注を伸ばしていくことになった。

ストーリーに潜む教訓を考える

- これまで地域の主体（住民や企業や行政など）が，蓄積してきた能力を地域のために活用するにはどうすれば良いでしょうか。
- 「よそ者，若者，ばか者」が地域活性化に不可欠といわれることがありますが，それはなぜでしょうか。
- このストーリーで，和田浩一朗の活動に多くの人々が協力してくれたのは，なぜだと思いますか。

2.　背後にあるロジックを知る

2.1　「地域」で活動すること

2.1.1　地域を考える

　最初に，広く「地域で活動すること」を考えてみたい。そこでまず本章でいう「地域」の範囲を絞っておきたい。『広辞苑（第6版）』をひも解くと，地域は「区切られた土地。土地の区域」という意味をもつ。ストーリーに登場した和田浩一朗は，生まれ故郷の中部地方にある県の木葉市にUターンした。木

葉市は行政区画上の一定の"区域"（市町村）ではあるが，実際に浩一朗が活動しているのは木葉市全体とはいえない。自身の出身地，ふるさとと呼べる"一定の地区"の惨状ともいえる現状を何とかしたいと考えて行動を始めた。浩一朗のいう「地域」とは，友人や先輩，あるいは昔なじみのお年寄りの生活する場所であり，また彼らの生活圏そのものである。

こうした人々が共同している生活圏は，コミュニティ（community）という言葉で表すことができる。一般的な言葉として使われているコミュニティであるが，コミュニティの古典的研究であるマッキーバー（MacIver, 1917）によると，コミュニティを共同生活が営まれているあらゆる地域，または地域的基盤をもったあらゆる共同生活と説明している。本章ではこのコミュニティを地域と考えて，「みんなが力を合わせて生活している一定の区画」を地域としておきたい。

このように考えると，私たちも地域の一員として活動していることが多い。古くは地域で協力しながら田植えや稲刈りを行っていた。現在でも，地域の祭りや神社の祭礼，あるいは公民館の掃除やごみ集積場の管理など住民が協力しながら取り組んでいることが多い。さらに，「町内会」に参加することでさまざまな便益を得られることもある。現在のわれわれも「地域の一員」としての顔をもっているのである。

2. 1. 2　地域に参加している主体

では，地域にはどのような参加者がいるだろうか。まず，地域に住んでいる住民は，当然地域の参加者だといえるだろう。さらに，地域には企業も存在している。ストーリーでいえば，浩一朗の立ち上げた Web デザイン会社は地域に参加している企業であるし，地域にあった個人スーパーも企業であり地域の参加者である。そしてコミュニティセンターを運営している木葉市もまた地域の参加者であるし，浩一朗が代表を務める NPO「このはのこ」も地域の参加者である。このようにさまざまな地域の参加者（＝主体）が存在している。

経済活動を行う主体は，セクター（sector）という用語で説明される。政府機関などの公共部門は第1セクター，市場で営利を求めて活動する民間営利部門

は第 2 セクターと呼ばれる。そして，政府機関でなく民間であるが，営利を目的とする企業ではないさまざまな組織体はサードセクター[1]（third sector）と呼ばれている。ストーリーをみてもわかるとおり，地域の参加者も，この 3 つのセクターに分けて考えることができる。

2．1．3　地域主体の活動

　ストーリーでみた地域の参加者は，主に自分たちの得意分野で活動している。まず第 1 セクターからみていこう。木葉市は，市の予算を使って行政活動を行っている。具体的には，コミュニティセンターの設置・運営や，コミュニティ・バスの運営などである。まさに，公共財を提供するという経済活動を担っている。一方で，浩一朗の経営している Web デザイン会社は第 2 セクターの代表といえる。地域内の取引はほとんどないものの，小さいながらもパソコン教室を開いている。財・サービスを提供し，その対価を得ているのである。そして，サードセクターの代表的なものは，住民組織や NPO の活動である。浩一朗の立ち上げた NPO では，地域活性化のために古くからある祭りの復活イベントを計画した。

　ただし，各セクターの組織単独ですべての活動が完結している訳ではない。あらゆる活動で，組織と組織，あるいは組織と個人が協力しあいながら，地域活性化が実現されている。以下では，地域主体が協力しあうことの理論的な背景を説明しながら，さらにストーリーを深掘りしていきたい。

2．2　地域とつながる意義と主体

2．2．1　ソーシャル・キャピタルの視点

　コミュニティにおいて，人と人とがつながりをもち，それらの人々の関係性が便益を生むという考え方は，ソーシャル・キャピタル（social capital：社会関係資本）と呼ばれている。

　たとえばパットナム（Putnam, 1993）は，ソーシャル・キャピタルを「人々の協調行動を活発にすることによって社会の効率性を改善できる，信頼，規範，ネットワークといった社会組織の特徴」（Putnam, 1993=2001, pp.206-207）と定義

し，特に信頼の重要性を強調している。信頼を得ることによって，裏切りの誘因や不確実性を低減させることができ，集合行為のジレンマを解消することができると言及している。また稲葉（2007）は「心の外部性を伴った信頼，互酬性の規範，ネットワーク」と定義する。彼は，ソーシャル・キャピタルの特徴として，経済学でいう市場を通じないで影響を受ける外部性が，特に心に働きかけること，すなわち「心の外部性」に注目している（稲葉，2007，p.4）。

　さらに，ソーシャル・キャピタル論の嚆矢となったコールマン（Coleman, 1988）によると，ソーシャル・キャピタルは2つの条件があるという。1つ目は人と人との関係性からもたらされること，2つ目はその関係性が人の行動に影響を与えるということである。こうした条件から具体的な例をあげると，「近所づきあい」もソーシャル・キャピタルの例であるといえよう。近所づきあいが頻繁にあると，お互いに信頼しあう関係が生まれ，他者の行動に影響を与えることがある。ストーリーであげた木葉市のコミュニティでも，「近所づきあい」や「先輩後輩関係」から便益を得ることができていた。

　またソーシャル・キャピタルは，社会問題の解決にもつながると指摘されている。社会問題解決手法としてソーシャル・イノベーションが注目されているが，その促進や持続のためには，ソーシャル・キャピタルが必要であると指摘されている（たとえば田原，2018）。本章のストーリーでも，ソーシャル・キャピタルが構築されたからこそ，地域活性化に向けてのイベントが容易に進んだと考えられる。

2. 2. 2　トランザクティブ・メモリーを生かした知の集合

　次に，地域内で個人間や組織間の関係性が構築されることの有益性を論じる根本的な理論として，トランザクティブ・メモリー（transactive memory）を紹介したい。トランザクティブ・メモリーは，近年組織学習論で重要視されるようになってきている考え方である（入山，2012）。ウェグナー（Wegner, 1986）によってコンセプト化されたトランザクティブ・メモリーについて入山（2012）は，「組織の記憶力に重要なことは，組織全体が何かを覚えているかではなく，組織の各メンバーが他のメンバーの『誰が何を知っているか』を知っておくこ

とである」と述べている（入山，2012，p.90）。すなわち「組織にとって重要なことは What（何を知っているか）ではなく，Who knows what（誰が何を知っているか）である」（入山，2012，p.90）という。たとえば，企業において情報を共有することが重要なのは間違いないが，組織全員が同じことを覚えることは，情報処理能力に限界がある人間には不可能である。しかし，「誰が何を知っているか」程度なら記憶しておくことも可能である。「このことは自分ではわからないが，あの部署のあの人なら知っている」と思いだせることが重要である（入山，2015，pp.143-144）。

　この考え方は，「地域」にも援用できる。地域の各主体が，それぞれもっている「記憶」について，「誰が何を知っているか」を知っておくことが地域にとって重要になってくる。先ほどのストーリーでみてみると，神楽のビデオをもっていたのは町内会長さんであったし，灯篭の明かりは電気設備工事会社に勤める後輩が準備してくれた。まさに地域の主体はそれぞれに「知」をもっていたのである。

　しかし，「誰が何を知っているか」だけでなく，「誰と誰とをつなぎ合わせるか」も重要である。前述したとおり，地域には多様な主体が参加している。それぞれの主体がもっている「記憶」を把握し，結合させてはじめて地域に新しい価値が創造できる。そして，結合させる役割を担う「つなぎ手」も地域には必要になってくるだろう。次にこうした「つなぎ手」について，検討していきたい。

2. 2. 3　境界連結者としての役割

　こうした「つなぎ手」や「橋渡し」の役割を担う個人やグループを，組織間関係論では境界連結者（boundary spanner）と呼び，古くから議論されてきた。たとえば，佐々木（1990）は，境界連結単位（boundary spanning unit）という語を用いて，「組織と環境の接点に位置し，外部からの情報，価値，文化を組織内意思決定の中枢に転送しながら，組織を代表してさまざまなかたちで環境に働きかけるような個人ないしグループ」（佐々木，1990，p.77）としている。具体的には，「外部重役」「営業担当者」「消費者苦情処理担当者」などが境界連結

単位にあたるという（佐々木，1990）。

　また同様に山倉（1993）は，エヴァン（Evan, 1972）の「組織セット」の議論に基づき，対境担当者（boundary personnel）という名称を用いている。山倉（1993）では，「（組織間関係は）組織内―外の接点に位置する境界担当者の行動を媒介として行われると考えることができ，組織間の資源交換も対境担当者によって遂行される」とし，「相手組織についての情報を探索・収集・処理するという役割とともに，組織を代表し，相手組織と交渉する役割も担っている」（山倉，1993，pp.75-76）と言及する。さらに山倉（1993）は，「対境担当者」の特徴として，① 組織内の他メンバーから心理的・組織的に乖離していること，② 他組織に対して組織を「代表」すること，③ 他組織に対する影響力の行使者であるとともに，他組織による自組織への影響の目標ともなることの３点をあげている。すなわち，境界連結者とは，自分たちの組織と外部組織を連結させ，経営資源を結び付けていく役割を担う主体のことであるといえる。

　この境界連結者は，分析の中心となる焦点組織と，その焦点組織と共同活動を行っている特定の組織との一対一の関係（ダイアド関係）を分析する際に検討されることが多いが，本章では，複数の組織や個人が関係性を構築している「組織間ネットワーク」（若林，2009）においても有効であると考える。若林（2009）では，業界団体の情報交換会に常時出席し，情報交換や協力連携の実務に携わっている人たちが境界連結管理者（boundary spanning manager）であり，こうした個人が実際のネットワークを動かしているという。

　先ほど述べた祭りのストーリーでは，和田浩一朗が地域にある経営資源（人・物・金・情報）を探索・収集・処理し，各主体の知識をつなぎ合わせて祭り復活イベントを成功に導いた。まさに境界連結者としての役割を担っているといえる。また，浩一朗は意識的にネットワーク構築の担い手になっていたわけではない。もともともっていた個人的なつながりを拡張し，祭りを復活させるイベントを実行するためのネットワークを構築していったのである。これは前述したソーシャル・キャピタルを活かし，他者を巻き込みながら連結者としての役割を果たしていたと考えられる。

2. 2. 4　地域に付加価値を生み出すコラボレーション

　これまで地域で活動するには，特定の個人や組織単独では限界があり，だからこそ境界を越えてつながることの重要性を，ソーシャル・キャピタルやトランザクティブ・メモリー，境界連結者の考え方を用いて説明してきた。しかし，個人や組織の境界を越えてつながり関係性が構築された後に，その関係性に推進力を与えるためには，コラボレーション（collaboration：協働）の考え方が不可欠となる。[2] 以下では，「コラボレーション」の視点から，地域の各主体の関係性を考えていこう。

　最近は「コラボレーションの時代」（佐々木，2009）と呼ばれているように，個人と個人との関係，組織と組織との関係などさまざまなつながりをコラボレーションとして捉えることが多くなってきた。たとえばグレイ（Gray, 1989）は，組織間のコラボレーションを「さまざまな側面から課題を見ている複数の集団が，その違いを建設的に明らかにしながら自らの能力の限界を超えて解決策を探索する過程」（Gray, 1989, p.5）と定義づけている。さらにシュレージ（Schrage, 1990）は，主として個人間のコラボレーションを「共有された創造のプロセス，つまり相補う技能をもつ二人，ないしそれ以上の個々人が，それまでは誰一人としてもってもいず，また一人では到達できなかったであろう共有された理解をつくり出すために相互作用を行うこと」（Schrage, 1990=1992, p.96）と定義し，その重要性を説いている（佐々木，2009）。

　もう少しイメージしやすいようなメタファーを用いて表現すると，「この指とまれ型」の関係が，コラボレーションの基本形にある。鷲田（2014）が「目的がぴたりと一致するわけではなく思いの込め方に違いがあるが，とりあえずできるところをいっしょにやりましょうという感覚で行われるのが『協働』」（鷲田，2014，p.106）と述べるように，コラボレーション（協働）の要諦は，できるところを，いっしょにという意識である。

　たとえば本章冒頭のストーリーで取り上げた「祭り」が実現されていく過程も，それぞれ参加者の目的は完全に一致しているとはいえない。しかしながら，地域の現状を問題視している人々が主導してイベントを実施し，それに巻

き込まれるように他の個人や組織も祭りに参加していった。さらに，浩一朗個人の「指」にとまっている側面と，浩一朗が運営する組織（NPOならびに企業）の「指」にとまっている側面の両方があると考えられる。すなわち，地元の先輩とは浩一朗との個人的な信頼でつながっている一方で，行政は個人よりも組織（NPO）を信頼してコラボレーションが実現していたといえる。このように，個人を信頼してとまる「指」はミクロ信頼，組織を信頼してとまる「指」はマクロ信頼と呼んでおこう。

　ストーリーからも明らかなように，「自己と他者」あるいは「自組織と他組織」という関係を越えて，あたかも「緩やかにつながる一つのまとまり」であるように活動していくのが，コラボレーションの要諦であるといえよう。

2. 3　境界を越えた自分や組織の成長

　これまで組織の枠を越えて地域で活動する事例をみてきたが，今度は逆に，地域での活動が自分の所属する組織や自分自身にどのような影響を与えるのかについて考えてみたい。第1章でも触れたように，正社員として勤務している企業を一時的に離れて対外的な活動をすると，所属企業を客観視できてその良さを改めて認識することで組織に対する愛着が高まるかもしれないし，反対に悪い部分に気づいて組織にイノベーションを与える契機になるかもしれないだろう。

　こうした組織の境界を越えた活動（越境活動）を通じて個人や組織が成長する過程は越境学習（boundary crossing learning）と呼ばれ，組織や事業を自分事化する際に極めて重要な要素になると考えられつつある。そこでまず，越境学習の具体的な舞台に関する近年の動向を紹介したうえで，越境学習がもつ意義や意味について説明していこう。

2. 3. 1　プロボノ[3]

　他組織やボランティアでの活動が，所属する組織での新たなアイデアやモチベーションを生み出すことがある。こうした越境活動のもつ原動力を活用している一つの事例として，日本の大手エレクトロメーカーで実施されている，

NPO をサポートする「NPO ／ NGO サポート　プロボノプログラム」があげられる。同プログラムによって社員たちのボランティア活動に対する手厚い支援を行った結果，2015 年度プロジェクトでは「本業外での経験で学んだ価値観や能力が，仕事での責任を果たすことに役立っている」と答えた参加者が16 名中 13 名，「社内において，新しい人間関係やつながりが得られた」が 16名中 15 名，さらに，約半年の活動期間を経て，16 名中 3 名の参加者が「他業種・他部署への仕事上の働きかけを増やすようになった」と回答している[4]。

　また，同社ではプロボノとは別に社内ベンチャープログラムが古くから設置されており，企業内企業家精神の開発にも積極的に取り組んでいる。このプログラムではアイデアが事業化される過程で，ターゲットへの徹底したヒアリングはもちろん，ベンチャーキャピタルやスタートアップ企業が集うイベントでのプレゼンを必ず課し，社外でのフィードバックを受ける機会に多く晒すことで，事業アイデアの自分事化やモチベーションアップに強く影響を及ぼしている（福原，2022a）。

　これらのプログラムでは，所属する組織・部署の外部での活動や外部との相互作用が，組織メンバーのモチベーションの源泉や知識の源泉になっていることは確かである。

2. 3. 2　「二枚目の名刺」

　最近「二枚目の名刺」という言葉を耳にした人も多いのではないだろうか。「組織や立場を超えて社会のこれからを創ることに取り組む人がもつ名刺を二枚目の名刺と位置づけ，社会人が本業以外にも社外で価値を生み出しながら，自身の変化・成長も実現し，さらにそれが本業にも還元されるサイクルを生み出す」というコンセプトを基軸に，「NPO 法人　二枚目の名刺」は 2009 年に設立された（石山，2018，p.120）。同 NPO のホームページによれば，「二枚目の名刺」とは，自分のもつ専門的な知識やスキルを活かして，社会的な問題・課題を解決するために新たな事業を起こしたり既存事業に関与したりする活動を指し，本業とは別に継続的な役割を担うことから「パラレルキャリア」とも呼ばれるものだとされている（https://nimaime.or.jp/about）。本業とは別の顔をもつ

意義は，ポジティブな意志や動機によって突き動かされる自己を内省することで，自分の存在価値を再確認することにある。

　こうした「つながり」をもつための場は，「地域」には溢れている。繰り返しになるが，個人，部門や区域を越えた主体が存在している地域では，さまざまにコラボレーションする場が存在しているのである。ストーリーに登場した浩一朗の状況を今一度思い出してほしい。彼は，「熱い想い」をもってNPO法人を立ち上げたが，突拍子もないところからスタートしたわけではなかった。手始めに自身の職業上の専門的スキルの範囲内でパソコン教室から始めた。NPO法人の創設後も，地域の動画制作・配信など自身の仕事の延長上ともいえることに地道に取り組んでいたはずだ。そしてすべてを一人で抱え込まず，コラボレーションしながら課題解決に努めていた。決して大きく背伸びすることなく，目の前にある課題にできることから少しずつ取り組み，故郷の活性化を導くことに成功したのである。

2．3．3　個人や組織にとっての越境学習を通じた地域とつながる意味

　上記で紹介したプロボノや「二枚目の名刺」のような事例は，社会貢献という文脈と密接に結びついている越境活動だが，第3章でも触れられたようにジョブ型雇用が浸透する昨今，生計を立てるための副業を推奨する企業が増え始めている。このように，公的だけでなく私的な目的からも，今後越境活動は活発化していくことが予想され，そうした活動から個人や組織がどのような便益を得られるかを究明する研究領域が越境学習論である。その理論的な支柱は，レイヴ＆ウェンガー（Lave & Wenger）の状況的学習論（situated learning theory）やエンゲストローム（Engeström）の拡張的学習（expansive learning）とされ，とりわけエンゲストロームが参照される（たとえばEngeström, 2016）。一人の学習者が複数の共同体に所属し，その間を往復する学習主体を想定した拡張的学習では，共同体の単位が組織内の部門間や組織間，あるいは地域社会間などのさまざまなレベルに適用可能とされ，それら種々の共同体の境界を越えて学習するモデルとして広く援用されている。

　学習者が主たる活動を行う共同体（越境元）とそこから離れて従たる活動を

行う共同体（越境先）との間を行き来し，複数の共同体をつなげる仲介機能は
ノットワーキング（knotworking）と呼ばれ，先述したコラボレーションが創発
する原動力となるとされている。この時，学習者は多重成員性（multi-
membership）と呼ばれる複数の共同体に所属する状況に直面するが故に，複数
のアイデンティティが形成され葛藤に直面することになる（石山，2018）。家族
と職場という共同体の狭間で生じる葛藤は，ワーク・ライフ・バランスと呼ば
れ，近年日本企業が取り組むべき喫緊の課題として取り沙汰されていることか
らも，多重成員性に伴うアイデンティティの葛藤は容易に想像できるだろう。
そして，越境先での経験やそれに紐付いた知識や知恵を越境元に持ち込もうと
する際，学習者はさまざまな壁に直面する。

　石山（2018）は，上記の仲介機能を担う学習主体をナレッジ・ブローカーと
称して，図9-1のようなモデルを提示している。

　このモデルは2つの段階から構成されており，第1段階では複数の実践共同
体に所属する多重成員性という観点からの習熟度で，具体的には複数の実践共
同体を往還しつなげる能力であり，その結果得られる多様性の受容力を指して
いる。第2段階は，ナレッジ・ブローカーとしての習熟度で，多様な知識を引
き出したり統合したりして越境元の共同体に新しい知識を定着させる能力であ
る。そして，このモデルを定量的分析によって検証した分析結果からは，単に
多様性を受容する第1段階レベルでは知識仲介の行動には結びつかず，多様な
意見を導出し統合する行動が備わって初めてナレッジ・ブローカーになれるこ
とが示唆されている（石山，2018，p.106）。

図 9-1　多重成員性とナレッジ・ブローカーに関するモデル

出所）石山（2018）p.104 を筆者加筆修正

一方，福原（2022b）は，組織外部で積極的なネットワーキングを有しながら，自らが事業創造の主体的役割を担うと同時に，周囲に事業創造を促す触媒的役割を担うミドルマネジメント（中間管理職）を企業家的ミドルと称し，彼・彼女らの存在意義を組織論や越境学習論の視点から考察している。それによると，企業家精神の主導者を演じる場合，所属する越境元の企業の既存事業を批判的に内省したり，新しい事業を創造する際に周囲から受ける組織アイデンティティに関するプレッシャーをはねのけたりするために，越境活動が寄与する。また，周囲の企業家精神の扇動者を演じる場合，先述したナレッジ・ブローカーとしての役割のように，越境先での経験から得られた知識を越境元の他のメンバーに内面化させる際，越境活動がその正当化の担保要因になり得るとともに，対面的なコミュニケーションメディアを有する事実が正当化の過程のドライビングファクターになり得ることが主張されている。

翻って本章冒頭のストーリーにたぐり寄せて考えてみよう。主人公の浩一朗は，自ら設立したWebデザイン会社とNPOという組織に所属するとともに，元の勤務先関連の人たちや地域社会の人々とつながりをもつことで複数の共同体をもち，多重成員性を保持しながらそれらの共同体間を結びつけるナレッジ・ブローカーとしての役割を演じていたと解釈できる。しかも，衰退しつつあった祭りに越境先から入手したプロジェクションマッピングという新しい祭りの見せ方に対する気づきを与えてくれた。憶測の域を脱しないが，プロジェクションマッピングという最新技術を越境元に持ち込んだ際，もしかしたら浩一朗は地元のシニアから反対されないよう，他の地域での伝統行事にも同じ技術が採用された事例を紹介し，新しい知恵を越境元の他のメンバーに内面化する際の正当化の担保要因として越境活動そのものを利用したかもしれない。さらに，地域コミュニティでの越境活動が，本業であるWebデザイン会社の既存事業を批判的に内省する契機となり，新しい事業を創造する視点や知識をもたらしてくれている。

サステナビリティやSDGsのような企業の持続的な発展可能性が叫ばれるようになっている昨今，企業は組織外部のさまざまなステイクホルダーに目を向

けた経営を余儀なくされているが，本ストーリーから示唆されるように，利他
的行動は巡り巡って再帰的に組織や個人に便益をもたらしてくれる前提条件に
なっているといえるだろう。

本章を読んで今すぐ実践できることを考える

- あなたが住んでいる地域の課題やその課題を解決するために自分ができる活動
  を思いつくままに列挙してみましょう。
- 上記の課題のなかで独りでは解決できない場合，周囲（個人や組織）にどのよう
  な協力を求めることが必要かを書き出してみましょう。
- あなたがもっているスキルや知識を生かした地域での活動が，現在所属してい
  る組織（企業や大学など）での"本業"に，どういったプラスの影響を与えるか
  考えてみましょう。

注

1) Third Sector を直訳すると「第3セクター」となるが，日本でいう第3セクタ
   ーは，官（国または地方公共団体）と民（企業）の共同出資によってできた企業
   体を指すことが多いので，「サードセクター」と片仮名で記述されることが多い。
2) 本章では collaboration の訳語として「協働」を用いる。経営組織論では
   cooperation の訳語として「協働」を用いることがあるが（e.g. Barnard, 1937=
   1968），中村・塩見・高木（2010）によると，「協同」（cooperation）が同じ目的
   であることが協調されるのに対し，「協働」（collaboration）はともに作業し働く
   ことが協調されるとしている。そのため，「協働」の概念が，グレイやシュレー
   ジの言及する「コラボレーション」の概念に近いものであると考えられる。
3) プロボノとは，ラテン語の「Pro Bono Publico」を語源としており，「公共善の
   ために」という意味である。転じて，専門家やビジネスパーソンが自らのスキル
   を活かして社会貢献することを指している（石山，2018）。
4) 藤澤理恵，パナソニックホールディングス株式会社 Web ページ「2015 年度
   『Panasonic NPO サポート　プロボノ　プログラム』参加者への調査からのご報
   告　～前編～」https://holdings.panasonic/jp/corporate/sustainability/citizenship/
   pnsf/npo_summary/2017_rmreport_01.html（2022 年 7 月 7 日閲覧）

参考文献

Austin, J. E. (2000) *The Collaboration Challenge: How Nonprofits and Businesses Succeed through Strategic Alliances,* Jossey-Bass.
Engeström, Y. (2016) *Studies in expansive learning: learning what is not yet there,* Cambridge University Press.（山住勝広監訳『拡張的学習の調整と可能性』新曜社，2018 年）
Evan, W. M. (1972) An organization-set model of interorganizational relations., in

M. Tuite, Chisholm, R., & Radnor, M. (eds.), *Interorganizational decision making*, Aldine.

福原康司（2022a）「日本企業における企業内企業家精神の実態と課題—社内ベンチャー制度の機能不全の論理」『経営論集（明治大学経営研究所）』69(1), pp.225-251

福原康司（2022b）『企業家的ミドルの探索』同文舘出版

Giddens, A. (1990) *The Consequences of Modernity*, Polity Press.（松尾精文・小幡正敏訳『近代とはいかなる時代か？』而立書房，1993年）

Gray, B. (1989) Collaborating, Jossey-Bass.

Gregory, A., & Watson, T. (2008) Defining the gap between research and practice in public relations programme evaluation Towards a new research agenda, *Journal of Marketing Communications*, 14 (5), pp.337-350.

稲葉陽二（2007）『ソーシャル・キャピタル「信頼の絆」で解く現代経済・社会の諸課題』生産性出版

入山章栄（2012）『世界の経営者はいま何を考えているのか　知られざるビジネスフロンティア』英知出版

入山章栄（2015）『ビジネススクールでは学べない世界最先端の経営学』英知出版

石山恒貴（2018）『越境的学習のメカニズム』福村出版

川﨑千晶（2019）『組織間信頼の形成と維持』同文舘出版

Maclver, R. M. (1917) *Community*, Macmillan and co.（中久郎・松本道晴監訳『コミュニティ』ミネルヴァ書房，1975年（原著第3版の翻訳））

松尾睦（2006）『経験からの学習—プロフェッショナルの成長プロセス』同文舘出版

中原淳（2012）『経営学習論—人材育成を科学する』東京大学出版会

中村和彦・塩見康史・高木穣（2010）「職場における協働の創生—その理論と実践」『人間関係研究（南山大学）』9, pp.1-34

Putnam, R. (1993) *Making Democracy Work: Civic Tradition in Modern Italy*, Princeton University Press.（河田潤一訳『哲学する民主主義—伝統と革新の市民的構造』NTT出版，2001年）

嵯峨生馬（2011）『プロボノ—新しい社会貢献　新しい働き方』勁草書房

佐々木利廣（1990）『現代組織の構図と戦略』中央経済社

佐々木利廣（1994）「組織間関係の理論」現代企業研究会編『日本の企業間関係—その理論と実態』中央経済社

佐々木利廣（2009）「組織間コラボレーションの可能性」佐々木利廣・加藤高明・東俊之・澤田好宏『組織間コラボレーション』ナカニシヤ出版

Schrage, M. (1990) *Shared Minds: The New Technologies of Collaboration*, John Brockman Associates.（藤田史郎監修，瀬谷重信・コラボレーション研究所訳『マインド・ネットワーク』プレジデント社，1992年）

田原慎介（2018）「社会イノベーションは接続するのか」金光淳編著『ソーシャル・キャピタルと経営』ミネルヴァ書房

山倉健嗣（1993）『組織間関係』有斐閣

若林直樹（2009）『ネットワーク組織—社会ネットワーク論からの新たな組織像』有斐閣

鷲田清一（2014）『「自由」のすきま』角川学芸出版

Wegner, D. M. (1986) Transactive Memory: A Contemporary Analysis of the Group Mind, Mullen B., & Goethals, G. R. (eds.), *Theories of Group Behavior,* Springer-Verlag.

📖 もっと学びたくなった人のために推薦する本

佐々木利廣編著，認定特定非営利活動法人大阪 NPO センター編（2018）『地域協働のマネジメント』中央経済社
推薦理由：地域協働の事例が豊富に紹介されており，自分たちの地域課題を考えるうえで参考になる。

石山恒貴（2018）『越境的学習のメカニズム』福村出版
推薦理由：日本における越境学習に関する理論的かつ実証的な研究のパイオニアに位置づけられる。

終　章

組織で活き活きと仕事をするために

　組織という言葉を聞いて，誰かを管理し統制するための有効な道具というイメージを真っ先に思い浮かべる人も多いのではないだろうか。多くの人々を管理する仕組みや方法として組織を考えるというのはごくごく自然の発想である。通常一人でできないことを皆で協力しあいながら実行するために組織が形成されると考えられてきた。これまでの組織論の歴史においても，いかに組織を編成していくかという組織化の過程を考えてきたし，その過程で有効と思われる多くの組織原則やルールが提起されてきた。また一人ではできない仕事をどのようにメンバーに分けながら，分けた仕事をどのように調整し統合するかという分業と統合の仕組みが提案されてきた。

　こうしたいわば上からの組織化の過程においては，管理する側と管理される側とがはっきりと分かれ，管理する側は自らの目的を達成するために管理される側の行動を変えるための工夫を行う。それは仕事の指示の仕方の工夫であったり，達成期限の提示の工夫であったり，仕事途中での助言のやり方の工夫であったりする。いずれにしても管理される側の行動を変えることで目標を達成するという上からのコントロールの発想である。

　しかし組織をめぐる環境が大きく変化しつつあるなかでは，こういう上からのコントロールという発想だけでは活き活きと仕事をすることにはつながらない。そこでは多くの人々は，自分の考えやアイデアが活かされずに，やらされ感から仕事をしているという意識から抜け出せないままに組織人として行動することになる。

　こういう上からのコントロールという視点とは違った視点はないだろうか。たとえば第4章で紹介した脱リーダー論を目指したフォロワーシップ論は，フォロワーがリーダーに影響力を行使しながら組織を活性化していく過程を重視しようとしている考え方である。また支援論の視点からは，管理から支援へと基本的発想を変えることの重要性を提示している。すなわち，相手を変えることで自分の目的を達成する管理という発想から，自分を変えることで相手から支持してもらい目標を達成する支援という発想への転換である。このように考えるとどれだけ周囲から支援してもらえるかという支援される能力の向上こそ

が重要になる。新しい組織開発の流れのなかにも，上意下達型の計画的組織風土改革の限界を超えて組織レジリエンス（自然回復力）を最大限活かすような試みも行われている。組織インフラ論という考え方もこうした流れのなかに位置づけることができるだろう。

　それではわれわれが組織のなかで活き活きと仕事をするためには，どのような点を考えればいいのだろうか。ここでは2つのことを強調したいと思う。第1は，組織論を「生きて行為する人間の学」と考え，学生も含めて組織に関わるみんなが「組織」をわが事と考え，主体的にコミットする場をできる限り多く経験してほしいという提言である。組織のわが事化のための場は，意外と身近に存在しているようにも思うし，それを実践することもさほど難しくはないように考える。もちろん本書を活用することがきっかけになれば望外の幸せである。

　第2は，対話と共感から生まれる信頼関係を基礎にしながら組織メンバーが自らの意思で主体的に組織に関わることができるような関係を形成していくことである。こうした組織観はラルー（Laloux, F.）が主張するティール型組織に近いのかもしれない。ティール型組織は，上位に立つマネジャーの指示命令がなくても，最終的に目指す目標や目的の実現に向けて各人がセルフマネジメントできるような組織である。比喩的にいえば，孫悟空が自在に利用する觔斗雲なども，まさにこうした組織である。それは，あらゆる空を意のままに飛ぶことができる不思議な雲として形容される組織である。こういうクラウド型組織をどのように創りどのように活用するかによって，それに関わる人々はより活き活きと活動することが可能になる。ただティール型組織にしろ觔斗雲型組織にしろ，上から打ち出の小槌のように提供されるわけではなく，他のメンバーとともに自ら主体的に創造していくものである。その意味では，組織は使われるものではなく，自ら創り上げ利用し提供するものである。組織という器を避けることなく，活き活きと仕事をする素材を提供する場であると考えることが重要である。本書が，こうした素材の宝庫であり続けながら，その素材をもとに新しい働き方や生き方を提案する契機になれば幸いである。

● 索　引 ●

編著者紹介

佐々木　利廣（序章・第1章・終章）
　京都産業大学名誉教授
主要著作
　佐々木利廣編著（2018）『地域協働のマネジメント』中央経済社
　佐々木利廣・横山恵子・後藤祐一編著（2022）『日本のコレクティブ・インパクト』中央経済社

福原　康司（第1章・第7章・第8章）
　専修大学経営学部准教授
主要著作
　竹内倫和・福原康司編著（2019）『ミクロ組織論』学文社
　福原康司（2022）『企業家的ミドルの探索』同文舘出版

自分事化の組織論——主体的に考え行動するためのストーリーとロジック

2022年8月30日　第1版第1刷発行　　　　　　　〈検印省略〉

編著者　佐々木利廣
　　　　福原康司

発行者　田中千津子

発行所　株式会社　学文社

郵便番号　153-0064　東京都目黒区下目黒 3-6-1
電話（03）3715-1501（代表）振替　00130-9-98842